文化艺术经济学译丛 | 王家新 —— 主编

文化政策

创意产业中的管理、价值和现代性

Cultural Policy

Management, value and modernity in the creative industries

Dave O'Brien ［英］ 戴夫·奥布赖恩 著 魏家海 余勤 译 傅才武 校

辽宁省版权局著作权合同登记号: 图字06-2014-75

图书在版编目(CIP)数据

文化政策: 创意产业中的管理、价值和现代性 / (英)奥布赖恩(O'Brien, D.)著; 魏家海, 余勤译. 一大连: 东北财经大学出版社, 2016.1 (2018.8重印)
(文化艺术经济学译丛)
ISBN 978 - 7 - 5654 - 2143 - 3

Ⅰ.文… Ⅱ.①奥… ②魏… ③余… Ⅲ.文化产业-产业政策-研究 Ⅳ.G114

中国版本图书馆CIP数据核字(2015)第260694号

东北财经大学出版社出版发行
　　大连市黑石礁尖山街217号　邮政编码　116025
　　教学支持: (0411) 84710309
　　营销部: (0411) 84710711
　　总编室: (0411) 84710523
　　网　　址: http: //www. dufep. cn
　　读者信箱: dufep @ dufe. edu. cn
大连图腾彩色印刷有限公司印刷

幅面尺寸: 170mm×240mm　字数: 181千字　印张: 16.5
2016年1月第1版　　　　2018年8月第2次印刷
责任编辑: 李　季　吉　扬　　责任校对: 刘　洋
封面设计: 张智波　　　　　　版式设计: 钟福建
定价: 48.00元

版权所有 侵权必究　举报电话: (0411) 84710523

"文化艺术经济学译丛"总序

王家新

　　谈文化艺术经济学，势必要从"文化"、"艺术"、"经济"这些范畴开始。一方面，文化与经济是并列关系下的永恒命题，从文化人类学、历史动力学、系统论的视角，可以解析两者共生、互动、一体化的进程。学者们沿着文化与经济这两个维度，在历史脉络中通过种种途径寻求两者融合发展的轨迹。而文化与艺术的关系则是整体与局部的统一，无论文化的定义如何纷繁复杂，艺术作为文化的子系统都是毋庸置疑的。因此，文化艺术经济学可以描述为：一个以经济学为系统工具和参照系，以文化艺术活动为变量和研究对象的经济学分支。其核心问题有二：一是包括艺术在内的"大文化"是如何促进经济发展的；二是如何最大程度地提供文化艺术产品、有效配置其资源的问题。两个核心问题衍生了不同的方法和路径，而这种交叉的、跨学科的研究又开辟了新的领域，由此或许可以阐明这套译丛名为"文化艺术经济学译丛"，而非"文化经济学"或"艺术经济学"的缘由罢。

　　回望文化艺术经济学的发展历程，上述两个核心问题的研究境遇迥异。从文化与经济的二元对立，到因发展不平衡而打破两者的藩篱，夹杂着政治经济学与文化研究的论争，复苏于新经济地理学等为代表的经济学"文化转向"，繁荣于新制度经济学、计量经济学等对新古典经济学的超越。"大文化"促进经济发展问题的视域里硕果累累，包括韦伯（Max Weber）关于文化和宗教对经济体系影响的研究，也包括诺思（Douglass C. North）对意识形态作为合约实施的变量影响经济发展的新锐观点。相比之下，对文化艺术产品生产及文化资源配置的研究则进展缓慢，滞后于日新月异的生产实践。

文化艺术是人类文明演进过程中形成的独特精神资源。长期以来，由于文化艺术对经济社会发展的作用不同于其他要素，是以一种潜移默化而不是剧烈的方式，通常在深层次而不是浅层次上施展其巨大的影响力，因而未从实践和学理上得到应有的重视。进入工业革命后，产业分工格局逐渐形成，自伏尔泰抛弃"桂冠诗人"的封号而投身出版业开始，文化艺术品也被纳入大规模工业化生产体系，如古典音乐被制成唱片、名家绘画被仿真复制并广泛传播，使高端精神消费从宫廷、贵族进入中产阶级乃至寻常百姓家。20世纪后期，信息技术广泛应用于文化创作、生产、分配和消费的各个环节，进一步推动了文化大众化趋势。新一代消费者大量使用互联网、移动电话和数字化媒体，不仅扩展了自身文化体验的范围和方式，而且从文化信息的被动接受者转变为文化内容的主动创造者，文化对经济社会的渗透力、影响力在裂变式扩大增强。在欧美、日韩等国家和地区，文化产业早已成为支柱性产业甚至是第一大产业，其对 GDP 和就业的贡献率不容小觑。我国在实现建设社会主义文化强国战略目标的进程中，文化产业成为国民经济支柱性产业，亦即其增加值超过 GDP 5% 将成为最醒目的里程碑。原来习惯说"文化搭台，经济唱戏"，现在看来文化本身就是一台戏，是新的经济增长点，是转变经济增长方式的重要抓手，是满足新民生的重要内容，是一个国家软实力和综合实力的重要体现。可以说文化艺术产业已经成为以创新创意驱动为特征的现代经济的重要组成部分。

经济学的任务是辨析事实、指向未来，经济学从未放弃对文化艺术这一"非经济因素"进行经济学分析和探索，这固然可以视作"经济学帝国主义"的不断扩张，但追根溯源是因为经济学本质上对理性和效率的偏好。早在庸俗经济学时期，萨伊（Jean Baptiste Say）、西斯蒙第（Sismondi）、李斯特（Friedrich List）就开始了对文化艺术生产问题的探索。到了古典经济学时期，休谟（Hume）、杜尔哥（Turgot）、亚当·斯密（Adam Smith）都从经济学的角度对文艺问题进行了思考，约翰·罗斯金（John Ruskin）更是明确主张将文化与艺术价值放在经济理论分析框架内，这些思想产生了深远的影响。然而，文化的使用价值如同人类赖以生存的水和空气一样不可须臾或缺，其交换价值又如钻石般弥足珍贵、不可复制，文化这种兼具钻石和水的特征的价值悖论现象，使得经济学无法使用既有标准化程式对其进行阐释，制约了这一领域理论研究的进展。真正标志着文化艺术经济学发展成为经济学领域跨学科研究的一个重要分支的，是1966年美国经济学家威廉·鲍莫尔（William J.Baumol）和威廉·鲍恩（William B. Baum）发表了《表演艺术：经济的困境》。在此之后，文化艺术经济学以美国为中心迅速彰显起来，众多的经济学家加入到讨论中，标志性的专著也随之出现，如1976年布劳格（Mark Blaug）编著了第一本文化艺术经济学读本，而索罗斯比（Charles David Throsby）和威瑟斯（Clen Withers）合写了第一本文化艺术经济学教科书《表演艺术经济学》。经过数十年的积累，西方学界逐步建立了比较完备的研究体系和框架，初步改变了文化艺术经济学理论滞后于实践、滞后于经济学其他学科的窘境。

文化艺术经济学在诞生伊始就肩负着鲜明的现实指向：在研究内容上，西方文化艺术经济学基本形成了以表演艺术经济、博物馆经济、电影经济、视觉艺术经济、数字艺术经济为核心的基础框架；在研究方向上，形成了艺术经济学特殊本质和特征研究、艺术与社会发展之间的关系研究，以及基于艺术行业特性的政府公共政策研究三个基本方向。其中，政策导向成为了西方艺术经济学的突出特点，这是由于文化艺术生产和消费对经济社会发展的作用日趋重要，文化经济政策的决策过程也变得更加复杂，深度了解这些趋势的成因、把握其规律，对相关政策决策将大有裨益。经济学不仅为文化政策制定提供必要的知识框架和分析工具，还可以形成具有实际意义的政策建议，有利于文化政策在经济价值和文化价值之间找到结合点。事实上，近年来西方文化艺术经济学的发展，很大程度上受到参与拟定政策者的推动，即英国学者贾斯汀·奥康纳（Justin O'Connor）所谓的"知识掮客"（knowledge intermediaries）。最具代表性的就是撒切尔夫人时期用文化与艺术促进城市复兴的政策导向，以及 1997 年工党赢得大选后提出的发展创意产业的议题。

　　然而，文化艺术经济学不是西方独有的命题，早在唐宋时期我国书画市场就已十分成熟，在米芾的《画史》、《书史》、《宝章待访录》等著作里可以看到历代皇室、豪门贵族及士大夫、寺观僧道乃至小工商业者经营、消费活动的记载。但是，我国现代文化艺术经济学研究起步较晚，在迅速发展的进程中必然要吸收借鉴西方国家的研究成果。事实上，1986 年《国外社会科学文献》所译介的法国学者梅西隆（H.Mercillon）的"艺术经济学"一文，对我国 20 世纪 80 年代初期的艺术经济学研究产生了深远影响。而今，随着全球化进程加快和文化艺术产业的发展，文化艺术经济学也随之兴起，必将成为我国综合学术研究趋势下的一个重要新兴领域，并在现实语境中逐渐寻回自己理论探索的志向。我国经济发展已转向扩大内需，引导、挖掘人们对文化艺术领域的巨大需求，并把这些潜在精神文化需求转化为有效的市场要素和新的经济增长点，是推进文化产业成为支柱性产业、转变经济发展方式的重要途径。同时，中央对推进文化产业实现跨越式发展的战略部署，国务院学位委员会《学位授予和人才培养学科目录（2011年）》的相关修订和调整，对文化艺术经济学教育和研究提出了新的、迫切的现实需求。

正是为了满足新时期、新形势下拟定政策、指导实践、培养人才的需求，东北财经大学出版社秉持"高雅、高端、高瞻"的出版人文理念，引进西方文化艺术经济学理论研究的最新成果，推出了"文化艺术经济学译丛"，作为完善我国文化艺术经济学的重要知识参考和研究依据。编者从普林斯顿大学、剑桥大学、布伦伯格等大学和专业出版社出版的众多书籍中，遴选出具有代表性和影响力的新书，洽谈版权，协商翻译事项，全面启动丛书的编译出版工作。所选著作内容涵盖当代艺术品市场、文化政策、艺术金融、文化遗产等诸多领域，具体考察文化艺术在国外特别是发达国家运作的实际情况，相关政策议题具有前瞻性、创新性。东北财经大学出版社一直以"集结全球智慧、凝聚智识人生"为己任，引进出版了1 000多部国外财经类图书，这个书系是东财版财经译著的新成员，相信会对当代文化艺术经济学教育产生信息共享、知识溢出、协同创新效应，对我国文化产业发展发挥积极的推动作用。

习总书记在党的十八大闭幕时的记者见面会上说，我们的责任，就是要团结带领全党全国各族人民，接过历史的接力棒，继续为实现中华民族伟大复兴而努力奋斗。任何事业都是这样，要传承、要开拓，要站在巨人的肩膀上创造自己的高度。或许这套译丛所选择的未必是文化艺术经济学中最好的、最重要的著作，但相信终有一天，会有更适合我国文化艺术实践、足以确立文化艺术经济学学科地位的代表性著作由此诞生。这正是我们编译这套译丛的初衷所在。

当前，随着文化产业在世界范围内的快速兴起和文化行业在现代国家建构中的地位和作用越来越突出，无论是在国内还是在国际上，文化政策正越来越成为国家政策的一个重要组成部分。文化政策研究也成为文化研究和公共管理研究中越来越引人注目的领域。但是，中外学界在讨论文化政策时，势必论及文化政策这一概念的内涵与外延，众多学者从文化研究、政治学、社会学、经济学和管理学等不同的分析视角出发，通过讨论"文化政策"的内涵与外延来建立国家文化政策建构的理论基础，形成了蔚为大观的研究成果。在我国，由于文化产业和公共文化管理学科的晚发，虽有众多学者从公共管理和文化学的角度切入"文化政策"的讨论，但由于中国学术界既没有真正意义上的公共文化管理学科，也没有形成完整意义上的"文化产业"学科，更不用说专门的"文化政策研究"学科，因此，国内学界对文化政策的内涵与外延的讨论莫衷一是，相关概念也多由西方学界的理论引进借鉴而来。

西方发达国家因为现代化的早发，文化在推动社会发展中的作用和效应外显，客观上导致文化政策研究的需求日益显现于国家经济社会和文化发展的前台，引发了西方学界对文化政策领域的关注。20世纪70年代，西方社会由重化工业时代向知识经济时代过渡，文化政策研究（cultural policy research）一词作为核心概念被提出来，经由美国文化经济协会和阿克伦大学（University of Akron）的都市研究中心的研究团队推动而逐渐展开，随后文化政策研究被认定为一个相对独立的研究领域而扩散，先后有加拿大的新诠释创作活动研究所、约翰霍普金斯都会计划研究中心的文化政策组、欧洲的文化咨询与研究中心联络处和哥伦比亚大学的艺术文化研究中心举办多个学术会议，探讨经济、社会理论和艺术等主题，以及关于文化政策内涵及计划评估等议题，旨在从理论上明确文化政策的边界。期间，先后发行刊物《艺术管理期刊》（*Journal of Arts Management*）、《文化经济学杂志》（*Journal of Cultural Economics*）、《国际文化政策杂志》（*International Journal of Cultural Policy*）、《艺术管理、法律与社会杂志》（*Journal of Arts Management，Law and Sociey*）、《澳大利亚媒介国际》（*Media International Australia*，其中包括文化政策方面的内容）、《北欧文化政策杂志》（*Nordisk Kultur Politisk Tid-skrift*）、《意大利文化经济学学会会刊》（*Journal of the Italian Association for Cultural Economics*）等等。

值得一提的是英国华威大学（University of Warwick, UK）的文化政策研究中心。该中心于1994年由Oliver Bennett创立，同时创办学术期刊《国际文化政策杂志》，为业界最早、影响最大的期刊之一；1995年，成立文化政策研究中心（Centre for Cultural Policy Studies，CCPS），为最早研究文化政策、创意产业的学术机构；2000年开始，华威大学开始主导文化政策研究国际会议（International Conference on Cultural Policy Research，ICCPR），会议两年一届，是国际文化政策研究领域最重要的学术大会。其文化政策的研究范畴涵盖文化产业、创意经济、艺术管理、媒体企业等领域。

随着一批大学文化政策研究中心、专业期刊及相关课程和专业的设立，文化政策研究团队开始凝聚，也逐步涌现出一批具有代表性的学术研究成果，如吉姆·麦圭根的《重新思考文化政策》、托比·米勒和乔治·尤迪斯合著的《文化政策》、杰勒米·亚赫尼与奥利弗·班尼特合编的《知识分子与文化政策》、贾斯汀·路易斯和托比·米勒的《批判的文化政策研究读本》等，文化政策研究的边界逐渐确立，成长为西方学界一个新的独立学科。

那么，西方学界如何定义文化政策呢？

1983年，法国文化部科研局的奥古斯丁·杰拉德在《文化发展：经验与政策》一书中从政治组织的视角提出了文化政策的定义，并屡被学界所引用。他认为，"文化政策"一词的准确含义来源于"政策"这个词。政策是由最高宗旨、具体目标和执行手段组成的一套行政体系，通过权威机构制定执行。在工会、党派、教育组织、研究机构、企业和地方政府中都可以看到文化政策的影子。但是，不管政策的执行主体是谁，一套政策中必定包含了长期最终目的、中期可测量的目标和具体实施手段（人员、资金和立法），由人员、资金和法律这三个核心要素构成了一个连贯一致的政策体系。

1999年4月，西方学界在美国普林斯顿大学召开了一次学术会议，会上有学者提出了要将文化政策分为三个不同的维度来进行判断和界定。第一维度是"政策在性质上是否属于国家政策"，第二维度是"政策是否针对产品和实践"，第三维度是"政策所针对的产品和实践对象是抽象化还是具体化的"。因此，在此界定标准下，文化政策可诠释为"国家针对抽象化产品和实践的政策"。

然而，针对这一界定标准，也有学者提出了质疑，"当我们从这一政策出发时，就产生了不确定性"（罗伯特斯通·霍尔，1999）。"如果人们对某种文化产品的公共价值有广泛共识的话，那么政策就是关于解决如何更好地分配这种产品的问题，但这是社会政策而非文化政策"（保罗·迪马乔，1983）。

托比·米勒和乔治·尤迪斯则从美学和人类学的范畴探讨文化政策的核心内涵。他们认为，在美学层面上，文化政策通过制度支持和引导的对象，应符合艺术创造的价值判断；而在人类学层面上，文化政策支持和引导的对象则应是社会集体生活方式，并且"（文化政策）是串联这两个方面的渠道和桥梁"（米勒、尤迪斯：《文化政策》，2002）。

吉姆·麦圭根（2004）给文化政策概念作了个简明界定，即"关于文化和权力的研究"。从政治学的角度看，文化政策是公共政策的一种，是国家政策体系中的一个分支。麦圭根认为，文化政策在公共管理层面所指的是治理，而依据罗德斯（1997）和格里·斯托克（1998）给治理下的相关定义，即"为研究而设计的组织框架"。

2005年，联合国教科文组织把文化政策定义为："地方、国家、区域或国际层面上针对文化本身或为了对个人、群体或社会的文化表现形式产生直接影响的各项政策和措施，包括与创作、生产、传播、销售和享有文化活动、产品与服务相关的政策和措施。"这个定义包括了文化产品与服务从生产到消费的全过程，是一个比较全面且易于为各个不同文化背景的群体所接受的定义。

2013年，戴维·索罗斯比从经济学的角度阐释了文化政策在全球化环境下的定义转变，认为除了传统的基于人类学、社会学等学科原理对文化政策的定义外，当今各国政府正不断推动文化政策，使之成为一项经济政策工具。

在西方，学界对文化政策的概念界定仍然在进行中，随着社会环境的不断变化，学界对文化政策的讨论也在与时俱进。但文化政策研究是由文化产业研究或者公共管理研究领域发展而来的一个分支，这一点与我国的情况大致相同。而对于文化政策本质的讨论，以英国学者托尼·班尼特和吉姆·麦圭根为代表，曾引发了一场争论。班尼特（1992）受福柯关于治理术讨论的影响，认为文化研究的核心目标是在政策形成和评估中发挥更加积极的作用，进而提出了文化研究应参与政府政策制定的观点；与之相对，麦圭根（2004）则提出，文化政策仅是国家文化问题争论的一种形式，文化政策的研究任务是对政府议程的批判而不是实践推进。论战的关键是理论研究是应该直接参与政府政策或者决策，还是应当站在第三方的角度，以批判的眼光去审视和评价政府政策实践的结果。

从根本上来说，正如学者施莱辛格（2013）所言，文化政策与文化研究、文化实践相互交织，学术研究广泛适用于公共政策的众多领域，尤其是文化政策领域，而创意产业的运用就更加突出了文化政策研究的应用性。由此可见，文化研究者参与文化政策的制定无疑具有重要价值。另一个学者舒斯特也是强调"应用主义"的代表，他的《文化政策指南：研究和信息基础架构》一书（2002），在学界被公认为是一部侧重于政策制定、操作应用层面而非学术理论研究的重要文献。事实上，整个西方学界关于文化政策研究方法论上的分歧也是整个社会科学领域尤其是应用学科经常遇到的问题，但这一讨论清晰地揭示西方学界关于文化政策研究的两个维度：一个是功能主义的维度，文化政策研究必须理论联系实际、"学以致用"；另一个则是理性主义的维度，文化政策研究不应过分偏重于实际操作性研究，不能仅仅反映政府行政工作，还要发挥其学术的批判功能。

基于此，英国学者艾德里安·斯克里安和贝亚特里斯·加西亚在梳理上述学术成果和学术争论的基础上，发表了论文《什么是文化政策研究》。他们认为，文化政策研究这一学科必须建立在"实用"和"批判"两种话语上。

西方学界关于文化政策研究除了探讨"实用"和"理性"的方法论问题外，另一个研究热点则是关于"精英文化"和"大众文化"在哲学层面的价值观探讨，"精英文化"和"大众文化"的分野，正是构架不同类型文化政策的逻辑原点。

在这一问题上，西方学界的文化研究领域就一直存在着对立的两翼——一翼是以阿多诺为代表的"精英文化"派，另一翼是以费斯克为代表的"大众文化"派。阿多诺认为，文化工业标志着垄断资本主义条件下文化的堕落，沦为统治阶级通过大众文化消费实现其意识形态控制的工具。费斯克则认为，文化工业为大众文化提供了丰富的资源，使文化生产从少数精英的特权中解放出来；意识形态也不仅仅是政治精英所掌握的国家机器，社会大众也不是一个在统制和主流规范面前毫无意识的消极的群体；大众通过将文化商品转化为自身的文化，能够从对抗的姿态中找到自身的"意义"和"快感"。

在西方，文化政策研究的确是一个高度复杂的命题，既要包容公民文化权利和社会正义论，关注文化经济或者文化产业价值，又要批评其消费主义倾向。既要从阿多诺的文化工业批判理论、阿尔都塞的意识形态国家机器理论、葛兰西的霸权理论、伯明翰学派的文化理论、哈贝马斯的交往行动理论中汲取有用资源，又要高度关注社会经济的实践进程和技术发展进程对文化政策的影响，并在兼容国家话语、市场话语、学术话语和公众话语的前提下重建文化政策研究的话语体系。尤其是在全球化和文化经济一体化的宏大背景下，文化政策研究的交叉性、融合性和前沿性特点越发明显。按照约翰·哈利特（2008）的说法，新的文化政策研究不必再在精英文化和大众文化之间做出非此即彼的选择，也"不必再从批判性局外人、政治经济学家、后现代文本主义或文化激进主义者的长期争论中制造一个胜者"，新的文化研究应该是杂交的、全球的、后学科的会话，是具有包容性和创新性的"丰裕哲学"。

综上所述，就学术研究的整体建构来看，西方学界关于"文化政策"作为人文学科建构，业已完成了基本定义、研究内容和方法论的讨论，达到了初步的共识，也已形成了一个较为丰富的完整的规范学术研究体系。反观我国学界的相关研究，目前针对文化政策，尤其是文化产业政策的应用性研究成果较多，而针对文化政策的理论研究成果则较为缺乏。究其缘由，仍然是由于我国文化政策研究起步较晚，积累的时日尚短。在全国你追我赶的竞争型发展情况下，政府和社会更加能够直接产生促进生产力发展的应用性成果，学界也必然会在应用性研究领域投入更多的资源。同时，由于文化政策研究学科归属不明，国内目前尚未在学理上建立一个丰满而完整的相关理论系统，也就无法将文化政策研究在人文社科领域实现"建制化"，导致研究者对"文化本身"缺乏足够的关照，进而忽视了学术研究本该具有的批判性意义。

问题最终归结于——如何构建具有我国文化政策研究领域的整体理论框架？就此而言，本书无疑有十分重要的启迪和借鉴意义。

本书以政治学的独特视角，借助"现代性"这一概念内涵切入，进而探讨国家、市场和文化之间的关系，并结合有关城市化、创造力和文化价值的分析，探索文化政策的核心主题；同时作者结合英国的文化实践对当代文化参与和文化消费进行了深入思考，提出了以专业知识、身份、社会阶层等概念解析文化消费，并描述了数字信息化革命在衡量文化参与分配中的作用。本书所呈现的是西方学界最新的理论研究成果，提出了一些非常前沿的问题：如"文化管辖"和"文化治理"之间的区别和关系；如何加强文化政策研究，增加公民的参与度；如何看待"隐性"和"显性"文化政策中权力的转移和应用，等等，从理论层面上探讨这些问题对我国正在进行的文化体制改革具有重要的理论和工具价值，这也是翻译出版本书的最初动因。

是为序。

傅才武

2015 年 12 月

致　谢

　　没有他人之助，本书难以完成。首先，我的父母、朋友及伦敦城市大学的各位同事给予了我极大的支持。我在利物浦大学读博士期间的两位导师斯图尔特·威尔克斯·希格和史蒂文·迈尔斯，对我撰写第2章和第5章帮助很大。我要感谢克莱尔·琼斯和维多利亚·杜勒对本书的撰写给予的鼓励，感谢凯特·奥克利、安德鲁·迈尔斯和威尔·菲茨帕特里克在成书过程中对各章节的审阅。汤姆·惠特克帮助我从伦敦城市大学当代英国文化政策的课堂上抄录了大量材料。本书中关于政策制定的许多见解产生于2010年我借调至英国文化、媒体和体育部的EAU期间，所以那期间的那一团队对于我了解现代文化政策所面临的挑战有一定功劳。

　　经出版商同意，书中章节借鉴了我之前的出版作品，包括其中的一些摘录，作品如下：

　　O'Brien,D.(2010) 'No cultural policy to speak of: Liverpool 2008', *Journal of Policy Research in Tourism, Leisure and Events* 2(2) 113-28

O'Brien,D.(2012) 'The culture and sport evidence programme:New forms of evidence and new questions for cultural policy' ,*Cultural Trends* 21(4) 275—80

O'Brien,D. and Cox,T. (2012) 'The "Scouse Wedding" and other myths and legends:Reflections on the evolution of a "Liverpool model" for culture-led regeneration' , *Cultural Trends* 21(2) 93—101

O'Brien,D.(2013) 'Public value:perspectives and prospects from the UK' in Scott, C.(ed.) *Museums and public value* London:Ashgate pp. 145—59

O'Brien,D.(2013) 'Shaping cultural policy around practical utopianism' , *Journal of Policy Research in Tourism, Leisure and Events* 5(1) 105—8

目　录

文化政策

第1章
引言

与人类隐喻相关的"文化"是社会的缩影，正是通过管理者——"人类成长的田地上的农民"——的眼睛来观察的。对管理的假设或是推测不是后来添加的或是一种外部干扰，而是从该概念特有历史开始并一直贯穿其中的。

——齐格蒙特·鲍曼

当今社会是复杂的，它受到一系列相互对立的政策、习俗和技能的影响及管控。这些矛盾在哪里都没有比在文化政策里更尖锐。这本书阐释了文化政策的重要性，它既是现代世界又是与众不同的跨学科的学术领域的重要部分。文化政策是一门常被忽视的研究领域，因而成为一系列学术学科并列研究的类目。在政治科学里，与健康、防卫或是教育相比，它则被视为是边缘的。作为文化政策的由来，文化研究历来都质疑与政策结缘的程度与意义。社会学，尤其是文化社会学，对于理解文化政策起着重要的作用，但它还未融入该主题的文化研究或是政治科学方法之中。

《文化政策：创意产业中的管理、价值和现代性》是第一本将这三个领域结合在一起的书。接下来的文本综合了政治学和社会学的视角，用文化研究的方法来阐述文化政策的重要问题。通过展现文化政策对现代经济和现代社会的重要性，论证文化政策是对理解管理、价值和现代性问题非常有用的个案研究。

对这一论点论证的出发点将是对关键词——文化、价值和创意产业——含义的思量。然后，引言将转而探讨具有独特或特殊意义的问题，这一问题可能会被提供给文化政策，作为它与美学观念和艺术批评联系的结果。管理问题的讨论，重点放在艺术话语（discourse）和公共政策的关系上来进行，作为先于本书理论与个案研究篇章的引言的结尾。

1.1 文化

众所周知，文化是个难以定义的概念，既完全为人熟知，却又很复杂，很难下个完整的定义。追溯到维多利亚时代，文化是与来自 "世界上被认为和表达最佳"的深思熟虑的道德升华和精神发展联系在一起的（安纳德，1993）。然而，直到20世纪60年代，在英国，文化才开始与人类学倾向的理解联系在一起，与意义的构建和传递有关（麦圭根，2004），文化就是具有历史和文化价值的手工艺品和与特定群体"生活方式"相关的活动（威廉姆斯，2010）。

尽管在英国有相关的争论，德国和法国的社会学界却又使得如何理解文化这一问题更加复杂化。德国浪漫主义作家们介绍了德国文明与德国文化的区别，这在今天的德语中仍存在（埃利亚斯，2000）。这一区别使得现代观点把"文化"视作创意性的成就和艺术品的创造，同良好的礼仪表现出社会地位的那些贵族理念形成对比。这使得在文化评估中，出现了很多持续性却有问题的主题，包括把文化作为一种国家成就的表达的理念，把卓越作为文化造诣的表达的理念，把文化与文化参与作为社会区分符号的理念（布迪厄，1984），以及文化判断和偏好的相关性和个性的理念。特别是那些建立在布迪厄作品基础上的作家们（例如，贝内特等人，2009）阐释"高雅"文化与"低俗"文化的区别，这在当代争论中还是很重要的。正如被那些处于高雅社会地位的人群的画廊、戏院和歌剧院机构化了的艺术消费，与以电视剧和流行乐形式的大众文化消费形成对比（尽管陈和戈德索普[2007]的作品对此提出了质疑）。

威廉姆斯（2010）提出的人类学倾向的文化定义,提及当前思考文化政策的问题：它的限制是什么？如何界定这些限制呢？这引发了关于文化政策是"含蓄"形式合适，还是"明确"形式合适问题的广泛讨论（阿亨，2009）。

本书不参与这些争论的原因有二。第一，争论将文化政策的研究退还给了它的文化研究起源，进一步疏远了文化政策研究与政治学领域的关系（尽管阿亨[2010]已经试图将政治学与法国文化政策相联系）。尽管本书将政治学和社会学同文化政策相联系，但并不遵循强调这一疏远的思路。

然而，第二点原因是，本书列举的个案研究，映射出对或含蓄或明确的概念给潜在的不明晰的文化以及文化政策的观点增添细节的认可。第3章探讨的是文化消费，重点在各种习俗，这些习俗涉及市场和国家供给。而且，创新型经济中的对生活的讨论（第4章）、城市发展（第5章）和文化组织里的管理理论（第6章）都反映出对什么是文化政策的概括性的理解，甚至尽管它们都关注被普遍理解为文化政策的行动和活动。

1.2 价值

政治哲学家里卡多·布劳格（布劳格等人，2006：23）表示"价值"一词包含至少三层意思：

> 对某些人而言，它意味着经济价值——正如价格的暗示，产品或是服务价值多少是与其他事情相关的。价值也可以与偏好和在特定的时间点对一个特定的服务满意度相关。最后，诸如安全感和正义感这样的价值观源于道德伦理的争论，并将激烈地持续争论下去。

所以"价值"一词描述的是一种关乎经济的看法，一种关乎个人表达的意见和一种关乎伦理道德的理念。该词的复杂性是有巨大价值的，因为它反射出"文化"一词的复杂性。大多对价值和文化的讨论就是描述宝贵的文化产品与服务的特征（例如，麦克马斯特，2008），和在"从事物看到的品质和特征"方面来说对什么是文化的价值的许多断言（梅森，2002：7）。这些断言向本书中描述的政策制定体制提出问题，政策制定体制是利用依赖于测量和量化能力的管理技术，而不是凭借对价值的断言或描述。

围绕在"价值"一词周围的复杂性有助于理解为何这个概念如此难以定义。人类学家丹尼尔·米勒（2005，2008）在他对英国政府为公共服务的项目的"最佳值"的研究中，将"价值"一词视为用寻常（和专业的）语言"做着一项惊人广泛的工作"，并有着与布劳格等人描述的根本区别（2006）。特别是，米勒喜欢强调在价值被理解为"价格"时，它是如何与"价值"被理解为"价值观"的情况完全对立不同的。对米勒而言（和许多的其他人，包括许多经济学家，例如，阿罗，被美国理论科学及工程学委员会引用，2010：18），价值是不能化简理解为价格的。价值不能简单地用与金钱有关的词来表达其意。

这是经济活动各种形式之间稳固的紧张关系的另一种表达，这些形式，诸如市场、受现代派影响的艺术与文化习俗（福柯，2010），接下来会更详细地论述。尽管这种紧张关系很重要，有时把价值当做价格，把价值观当做伦理或道德。这在最近的许多经济社会学家（例如，卡隆，2006，麦肯齐，2005）的著作中可以看到。对这些思想家来说，市场和与市场关联的经济观念，总是根深蒂固地存在于社会关系、活动形式、特有的工具和仪器之中，这些东西使它得以建设和运作。价值，就其经济层面的意思，是依附于人类活动和与之相关的受"价值观"一词管辖的表达和道德规范的（贝克特，2010）。第2章和第4章阐述了文化政策是一个对何时何地价值的多重含义趋于一致的恰当示例。如果真是价值与价值观（斯塔克，2011）密不可分，那么赋予事物价值的习俗就非常有意思了。价值依赖于价值观这样的表达暗示，当我们开始理解某事，诸如活动、展览或组织的价值，它的价值将取决于我们作为使用者、从业者或创造者带给评估的那种价值。这看似简单易懂好解释，但按照最近的争论和文化政策的调查来说，它还是至关重要的。

当我们评价某事时，它表明我们在赋予它一种特殊的地位，暗示我们愿意对它做出特别的评价，我们愿意去评价它（科尔斯戈德，2010）。这是对定义价值含义问题的一个恰当例子，正如它是一个过程、一个描述和一项活动。从根本上看，我们如何着手确定价值的含义还不明确，进而也不清楚我们会如何考虑将它编排到存在于现代性的公共政策体制中去。

1.3 价值判断

给文化下定义的难度和给价值下定义的难度，清楚地表现在伴随着文化政策判断的相关问题中，特别当很多政策都牵扯到资金决策时，更是如此。对伦敦巴比肯艺术中心的前总裁约翰·图萨来说（1999，被里夫斯引用，2002：36），美学特征应成为决策中极其重要的一类：

> 莫扎特之所以成为莫扎特是因为他的音乐，而不是因为他为萨尔斯堡创造了旅游产业，或是以他的名字命名的巧克力和杏仁蛋软糖萨尔斯堡面食。毕加索之所以重要是因为在毕尔巴鄂古根海姆博物馆里，他的画作在西班牙北方的港口重获新生，不然就被废弃。梵·高之所以重要是因为他的意象和色彩展现出的痛楚或强烈情感，而不是因为他使得向日葵和木质椅子变得流行。绝对品质对尝试评价艺术来说是第一位的；而其他所有要素也吸引人、有用，但都是第二位的。

然而，好几位作家，其中最著名的是吉布森（2008），指出同类事物和美学价值的社会构建本质（以及它与社会等级显而易见的关系，例如贝内特等，2009和布迪厄，1984）。而另一方面，考恩（2006：6）发现，美学判断本身固有的相对主义表现对可通约性的不可能的、完全违背直觉的挑战：

很难判定莎士比亚的《哈姆雷特》比《李尔王》是否更胜一筹，而且更难的是说服他人与我们意见一致或是解释这种排名的意义。格什温的多少歌曲才能媲美肖斯塔科维奇的一部交响乐？海顿的弦乐四重奏就比海明威的一篇短篇小说好吗？如何将布莱克的诗歌拿来与现代芭蕾舞表演比较呢？

考恩发现的这样一种两难的窘境不只对哲学讨论是一个问题，它对资金决策也有很现实的影响。考恩和图萨提议将重点放在美学上，而这使得很难将文化部门与基于经济理论和货币估价的决策体制联系在一起（HMT，2003）。例如，当讨论如何评价博物馆时，普拉扎的作品（2010：156）给人一种将文化部门与中央政府的决策体制分离的感觉：

很显然，对博物馆的非市场的评估（例如，这意味着它们对社会的艺术、文化、教育、建筑和名誉价值）是不能用金钱交易的手段来计算的。

这样我们就有了一个有关文化政策的难题：单从文化本身来说，如何最好地叙述文化的价值，而不涉及经济或社会影响。从本质上讲，这是在寻找吉布森（2008：14）提出的问题的答案："如果我们支持某个人或某个团体文化的代价就是不支持其他的文化，那么我们以什么为基准来做决定呢？"

1.4 创意产业

吉布森（2008）提出的问题的部分解决方法，来自创意产业的思想对文化政策的重新编排。弗卢（2012）和赫斯蒙德霍（2013）对创意产业的概念和这种思想随之而来的全球职业进行了详细的长篇综述。这个概念发轫于英国，因为英国文化、媒体和体育部门（DCMS）尝试了解与文化习俗相关的经济活动的形式（DCMS，1998）。起初，英国文化、媒体和体育部门列出了13个领域，包括处于文化习俗最"商业化"一端的广告，到国家和市场支持的混合经济成分更重的表演艺术。这13个领域在当时富有争议，因为它们包含有看似与文化活动关联甚少的软件和数据库设计的种类，比如说电脑游戏设计（坎贝尔，2013）。

这13个领域大多源自对与知识产权相关的文化的经济方面的定义：那些产业起源于个人创造力、技能和天赋，并有着凭借知识产权的出现和运用而创造就业机会和财富的潜力（DCMS，1998）。然而，这个定义的根源在于联系文化与经济的难度。最初的13个领域过分依赖于软件，声称这些软件是创意产业的经济潜力。知识产权的重点也与包含文化生活等重要的活动领域紧密联系在一起，特别是遗产和旅游业，都是许多文化机构的重要组成部分。这13个领域和知识产权的重点都引发了几乎20年的争论，创意产业和文化与价值一样都没有明确的界限，因而比尔顿和利里（2002：50）断定："不运用那些让一个产品与众不同的一些专利产品形式的智力成分、设计元素或其他无形的符号特性，是很难想出来的。"

第4章详细地描述了文化与经济是如何紧密联系在一起的，发展了比尔顿和利里的怀疑——对来自创意产业的核心文化习俗的排除和只能用最宽泛方式描述的经济活动的潜在包含。

作为经济转化较宽泛的描述和第2章中提及的创意经济思想发展的一部分，创意产业变得很有影响力。创意产业也有一个全球职业，因为这一词条发端于英国，扩散到了全球几乎每一个角落。实际上，甚至在这个词条不是特别有影响力的地方，例如美国（罗斯，2007），它仍是文化政策的界限的一部分。这一职业部分地同佩克（2005）称之为创意观念的苹果派和母性身份相关，很难与创意对立起来，它是一个难以拒绝的想法，正如在考量文化与价值时遇到的同样的定义问题，这让批判性与创意概念的交锋难上加难。奥斯本（2003：523）尝试过，他对"创意"如何被用来省略经济活动、政府合理性和在第3章和第4章讨论的至关重要的人类资本形式，做出了评价：

> 不过目前我们所拥有的就是与合理化（经济上的表现与效率）和"科学（创造性的专业技能）"的要求相联系的浪漫主义和主观主义。但有关创造性的学说不只是意识形态。它相当真实。实际上，在这种极端的解释中，我们可能想说创意性凭借自身的力量已然成为了一种资本形式。

1.5 美学、国家和市场

奥斯本（2003）的评论又回到了划定文化政策的界限这一难题上，特别是像"创造性"这样的词条似乎占据了太多政府与社会活动的类型。创造性是资本的一种形式的观点对理解国家、市场和文化之间的关系也是很重要的。和文化政策研究的诸多其他方面一样，这种关系因文化政策在政府和学术著述里的边缘地位而变得复杂了，尽管与此同时文化政策在现代性的经济和社会考量中还占据中心位置。

格雷和温菲尔德（2011）把英国作为例子来指出文化政策长期处于边缘的多种原因，包括不乐意参与到一连串的审查中，"或是与其他诸如经济、外事、卫生、教育或贸易相比，缺乏对政策部门的政治意义"（格雷，温菲尔德，2011）。尽管第一次读到时，这个边缘化可能暗示文化政策对政治和社会研究都是第二位的关注点，文化政策是解释有关价值的不同观点和关于现代性里实施公共政策的问题这两者间复杂关系发展的一个释例，这在第2章和第6章中有详细的描述。在英国和全球范围内，文化政策都一直期望编入与测量和业绩相关的目标体制中，那些目标反映出对现代性中的公共政策的一种宽泛审查文化（鲍威尔，1997）。同时，特别是从国家资助的艺术组织和创意产业方面来说，文化都有一段与拒绝官僚体制和管理相关的故事。

在1982年的里斯讲座中，文学评论家丹尼斯·多诺霍对他称为的艺术"奥秘"进行了辩护。他是从被价格管控的市场、经济和被官僚体制与政治目的控制的国家的对立面来书写的。他表示"艺术视角要么是太美好了而难以用语言表达，要么就是太粗俗而耻于描绘出来，它转移一切试图用知识或用话语对其下定义的努力"（多诺霍，1983：12）。效仿康德，他采用了多种形式对艺术视角、对艺术家形象、对自主的坚持和对美学领域的差异进行了辩护。接下来的讨论就围绕两个例子："为艺术而艺术"和"艺术家的批评"。

艺术历史学家朱利安·勒克斯福德（2010）考证出"为艺术而艺术"这一词条源于1804年，进入19世纪30年代，康德作品的阅读起初会被用来为那些新兴欧洲国家系统的艺术家的经济地位辩护，为19世纪30年代的法国小说家的自由表达辩护。同美术的联系，特别是同视觉艺术的联系，是19世纪60年代自英国的唯美主义运动后才建立起来的，同时，因其与各种艺术家和批评家的细微差别，这些运动可以用两种方式来概括。

该词条关系到美学之外无意义的艺术（勒克斯福德，2010：90），关系到艺术家比社会其他人都更具创意和美学判断，关系到艺术创作更具意义，关系到艺术家不受政治、经济或道德的束缚（勒克斯福德，2010：91）。因此，按照勒克斯福德的结论，该词条对我们当前理解艺术和实现不断变化的意识形态的目的都有所帮助：

艺术是不同于其他人类经验范畴的，它的这种自治传递出一种带有必然结果的特权，并不为相同题材写作的所有作家所推动。这样的特权都延伸到了艺术创作者那里。这些观点都已证明，在逾两个世纪的美学著述中，给予了为艺术而艺术永久的一席之地，并提出这个略带有一点意识形态色彩的术语，是相当有益和易挑起争议的。

社会学家夏娃·夏佩罗（2004）在这些观点的基础上对艺术批评进行了讨论。这意味着一系列具有同现代性的艺术和艺术家之间的关系相联系的地位和习俗，特别是那些与国家和市场相关的方面。而艺术家则被认为在市场和艺术批评的围墙之外；艺术习俗展现出国家和市场限制外的真实性和带着接近"先验真相"和权威的感情的自然流露（夏佩罗，2004：588）。艺术创作不受约束，它要求从官僚体制和市场经济中得到释放。夏佩罗（2004：593）附和着多诺霍对艺术作品的奥秘和可能性的断言，认为它们也许会藐视一切分析：

在我看来，"艺术批评"仍在呼吁关注没有解决的问题。它包括关于事物价值的讨论，并站在其他价值形式商品化的对立面，而这些金钱价值绝不可能会为——艺术价值、美学价值、知识价值和本杰明称之为的"文化价值"——所考虑。它吸引注意力来关注那些不能长期仅被市场因素维持的非营利性的活动的存在，尽管它们的价值必须是得到承认的。在这方面，它保护了卓越的可能性和所有的行为、事情和不被经济系统规定价格的人的价值。它使质疑人性显现的商品化变得可能。

然而，夏佩罗不仅是为了寻求为这种美学自主权辩护，而这美学自主权对勒克斯福德的"为艺术而艺术"的纲要很重要，也是为了尝试描述美学、国家和市场之间的关系。为了发展这个思想，明确表达以文化政策形式表现的政治学、社会学和文化学，进行下面的讨论很有益。

齐格蒙特·鲍曼是对第2章中理解现代性的本质非常关键的一位思想家。鲍曼（2004：65）最初是以明确阐述他的立场开始的，他的立场与从法兰克福学派和像汉纳·阿伦特那些作家获得的"为了艺术而艺术"相似，这是为了与管理的理念与习俗作对比。对鲍曼来说，管理包含实现控制和限制的目的，以及培养适合被管控的人。以其培育完美想法的根基，文化是抵制这种管理倾向的，并似乎是站在管理的含义、内容和方式的对立面的，"文化是不可能与管理和平共处的，特别是与那种强加的暗中为害的管理，且最不能与那种意在曲解文化探索或尝试的冲动好让文化能融入到管理者期望的合理框架中去的管理和平共处"（鲍曼，2004：65）。正如鲍曼认为有形的和无形的现代性管理是具有起作用的合理性的，因其对测量、通约和控制科技的坚持，这让文化与管理的紧张局势更明显（鲍曼2004：68）。而"为了艺术而艺术"的意识形态恰好不这么认为，因为近期有对美学领域的卓越辩护的作品（拉克马，2010）。然而，在鲍曼的讨论中，管理与文化是有一段长期存在的关系的，鲍曼（2004：65）将此视为手足之争。在鲍曼对文化管理与文化概念的描述中，培育是不能完全分离开的：

> 与人类隐喻相关的"文化"是社会的缩影，正是通过管理者——"人类成长的田地上的农民"——的眼睛来观察的。对管理的假设或是推测不是后来添加的或是一种外部干扰，而是从该概念特有历史开始并一直贯穿其中的。

尽管在概念层面上管理和文化可能就是历史性的关系，但从国家的形成，特别是在"为艺术而艺术"的唯美主义越来越盛行的同时期的国家官僚体制的形成来看，管理与文化还是有更多的物质联系。

在第3章中对文化消费分析很重要的一位人物，法国社会学家皮埃尔·

布迪厄对鲍曼的管理的发展与文化的发展的读物予以支持。布迪厄（1994：2）如此思索19世纪国家与官僚体制的发展：

> 文化事宜，特别是与社会区分、层级相关的事宜，都是由国家实施的行为构建起来的，国家通过在物质与思想方面双重构建的方式，赋予一切自然的外表以文化任意性。

这里国家的概念是过分夸大和累加的，但这倒不会导致完全摒弃争论，这种争论是国家行为塑造的文化理解，也表现为自然的、稳定的、不变的社会事实的文化方面从属于政府的结构。鲍曼和布迪厄都认为国家的政府技能是与艺术、文化和美学本身联系在一起的，不支持一系列暗示文化政策是不平常的、独特的甚至是特殊的美学自治的观点。

这并不应解读为布迪厄作品对控制的官僚体制结构的支持或是寻求为其辩护。官僚体制既不是能代表普遍兴趣的普遍群体，也不是政府的"合理手段"（布迪厄 1994：2）。与布迪厄广泛的专题研究一致，国家是由各种为统治创造机制的资本的集中而形成的，它依赖于社会科学的官僚体制技术。国家是自身造就的，方式同它与文化的关系一样，是凭借着社会科学技术。而社会科学技术创造国家产品，这些技术本身创造的产品，最初发端于技术。在对自由的维多利亚时期的专题研究中，乔伊斯（2003）认为社会科学技术的投入，是一种受布迪厄对社会科学运用的解读支持的认定。布迪厄解读的社会科学运用，起着解决乔伊斯关乎自由之城的社会问题的作用。在把语言、措施或是界限转译成法典、通量化和创造的过程中，国家不仅能创造文化活动的可能性的条件，而且在物质活动基础的创造方面也很活跃：

> 文化正在统一：通过将所有编码、语言学和司法统一，和通过影响包括官僚集中交流的所有形式的交流（通过形式、官方通告等）的均匀

化的方式，国家为统一文化市场做出了贡献。透过法律里的分类系统（特别是根据性别与年龄）和官僚体制程序、教育结构和社会惯例（特别是日本和英国的典型案例），国家浇筑钢筋框架，规定思想和分配的习惯做法，而这思想和分配对文明开化的人来说是思维方式，但对原始的"野蛮人"而言则是莫斯和杜尔凯姆描述的划分形式。它也因此为构建被普遍称为国家身份或者（用更传统的语言来说）民族性做出了贡献（布迪厄，1994：8）。

在这个理解中，那些被视为最显而易见的置身于"为艺术而艺术"的观点里的自主的美学产物的作品，不论以哪种表现形式，都归功于官僚体制科技的建构产物，正如这些作品对美学创作的个人或社会行为是一样的。这个观点也指出思量文化政策的复杂性，因为它是根植于一个从人类学角度对文化的理解，同时还暗含一种更受限制的文化观念,即文化更接近艺术。

对官僚体制发展的思考是由进入当代市场常规的艺术话语原有的证据来实施的（夏佩罗，2004，波尔坦斯基和夏佩罗，2007）。夏佩罗（2004：593）描述了自主性、创造性和批评的主题现在是管理理论和管理话语的根基，通常是建立在来自创意产业例子的基础上：

> 现在已公认要将"艺术批评"的主题合并到居于主导的资本话语里。管理文学已偏离了它解释的道路——尽管雇佣劳动者在最近的工作世界转变中可能失去职业安全感，他们也获得了更多的创意、更多变的、更富自主权的工作，也更接近了一种艺术气息的生活方式。商业世界里占主导的经济话语所固有的"艺术批评"因而是"艺术批评"最值得注意的危机来源之一，这种"艺术批评"无疑在每一个方面都被弱化了。

1.6　审美辩护和公共管理

文化政策面临的主要问题之一是文化的审美方面，尽管与国家和市场交缠在一起，仍然可以适于公共政策。第 2 章和第 6 章分析了公共管理策略和文化政策之间的关系，特别是公共管理已经使用了数字技术，例如成本效益分析。以此角度来看政府活动，任何政策都要经历某种形式的效益和能效评估，用相同的标准，也就是用钱（成本一般用钱来计算）来衡量彼此，得出与之相关的成本和收益。

为符合这一决策框架，用尽可能多的货币形式表现出政策活动的成本和收益很有必要。然而，在文化部门，这样做异常艰难。以英国为例，有些博物馆免费参观的政策意味着成本对于个人不是立刻就显现出来，也就是说游客去参观博物馆或画展的收益不是以人们愿意支付的票价形式来表现的。

为了避开这类问题，政府和文化部门评估了社会影响和经济影响。经济影响这种方法使文化政策适用于成本–收益分析框架。正如许多评论家（例如考恩，2006：15）所确信的那样，这种风险很大程度上降低了文化收益（由其他政府部门干预而来），没能掌控住文化对个人的全部收益，如英国政府对《绿皮书》政策鉴定和评估的指导。因此，重视文化问题变成了如何在社会和经济影响之外，更好地将文化的独特之处适用于《绿皮书》指南所暗示的福利经济范式的经济语言。克拉克（2006：62）的讨论以实例表明，需要把文化部门的价值理解同中央政府的决策评价标准框架相适应，是根本无法避免的。就增长的需求来说，在可预见的将来降低整个公共部门资源，尤其不可避免（西尔伍德，2010）。

数字技术管理形式的发展看起来距文化的审美辩护很远。虽然在某些情况下，文化政策的审美辩护在文化、国家和市场的关系之间不能长久有效，但是创造政策的方法值得探索。

1.7 社会生活的方法

本书包含的方法有助于构筑社会现实。我们生活的世界，是对社会科学方法理解的反射。这种情况为方法选择产生哪种社会现实，以及建构哪种社会现实打开了大门。在成本效益分析技术的情况下，文化部门可以更容易地融入政府的决策框架，更容易表现出该部门政策方案的有用性（瓦伦汀，2007）。尽管这样益处多多，但是也带来其他重大后果。数字的审计形式，通量和管理一直受到学者（多威尔，1997，艾斯普兰德和索德，2007，弗尔卡，2010，米勒，2008）的广泛批评。学者们认为，这一制度失去专业判断，欠缺专业知识（格里克斯，2010，艾斯普兰德和索德，2007），对于管理者和教育家来说，这都是很重要的问题。从道德和表达层面看，价值的降低，即价格表现出的实用性给判断或质量和判断健全的问题之间留下的仲裁余地不大。确实，审美和文化专业知识在经济评估环境下的身份极不确定，也困难重重。经济评估衡量个人公用事业的满意度，因此，"不能说满意形式是否有价值，可取或能接受"（济慈，2000：2）。

博物馆学（布迪厄，2008）经常批评专业力量的缺失，因为其可能会让我们失去建立非营利合法东西的机会，而那些东西在我们看来跟金钱无关。如果在金钱方面我们珍惜爱或友谊，那么我们会减少金钱的数量，在财务估值（艾斯普兰德和史蒂文斯，1998）的形式下与其他活动等量互换，事实上，它们的本质珍贵，因为它们不是我们愿意花钱去购买的商品。

　　大卫·斯塔克抓住估值的限制性和经济的建设性角色问题，如他描述说"给东西标价这种行为在赞同经济学家专业知识和其市场或准市场框架中起着决定作用"（斯塔克，2011：319）。经济评估方法的选择可能会漏掉那些我们尝试去珍惜的重要性（思罗斯[2001]文化价值讨论中提出的观点）。我们必须保存价值和专业知识两种非市场形式的可能性，识别作为估值框架市场的局限性，这一估值框架在哲学家罗素·济慈（1999，2000）的著作里面有概述。

　　济慈的著作讨论了我们使用文化政策方法的政治和伦理的方方面面，即价值，怎样协调文化部门的各种叙述问题。以价格为基础的市场价值有局限性，它排除了一些机构和实践活动，例如，出售政治职位显然是与西方民主国家核心价值观和运行模式相悖的。

　　如以上审美叙事讨论的那样，文化机构经常表现出这些相同的特质，因为像博物馆这种机构造福个人和集体，传递出的价值观是超出市场范围的。这不是否认市场对艺术的重要性，而是在文化方面的表现可能超出市场环境。和这种说法类似的是,市场标准不能判定文化活动，用市场标准衡量这些活动削弱了文化活动的目的和价值。市场标准（基于财务计算的评判）的应用同样歪曲破坏了个人对文化活动有关标准的评判。因此，丢失了本来与文化相关（可能是首先使文化与货币价值相关）的意义和重要性（济慈，2000）。

　　文化部门的诡辩可能放错了位置，正如人们从文化部门得到的利益可能由市场机制传递，可能用电影贡献到国家认同的形式（英国电影振兴委员会，2009）。情况可能这样，很多人愿意在财政上支持提供文化价值的机构，而并不想国家干预，例如订阅图书馆。在这个例子里，人们不能免费使用图书馆，但是教育福祉和相关用户的文化资本被保留下来。

济慈的著作提供了一种超越这些反对意见的方法。他分析了这些文化产品，它们表现出与经济价值有着特殊的身份联系。为了理解价格和经济价值，需要对某个特定的物品或活动做出明智的判断——它们以怎样的价格形式给我们带来福祉。要给福祉做出评判，则需要说明幸福（或满意度）生活是什么样的，给定的经济决策怎样促成这种生活。以食品为例，人们可能觉得巧克力的味道比人看起来很瘦带来的幸福感更重要。在文化产品中已发现了促成这种幸福感的能力，这至少是一个特征，因为很多文化产品直接或间接地正视和探讨人类幸福本身的性质和可能性，其"重要性很大程度上存在于给观众提供可以反映出其他商品的方法，然后对此商品做出更好的判断"（济慈，1999：10）。

这样来看文化机构的角色，文化产品很多重要的方面都需要非市场规定。没有市场（与价格有关的关系）外的规定，可能会失去文化产品提供的福祉，长此以往会对市场运行造成损害。结果就是我们失去了对市场评判的地位，失去包含成本与收益方法的能力。从根本上来说，济慈关心的是文化、市场和国家之间的关系中，哪一个是本书中文化政策的核心。这样一来，再考虑引言中讨论的观点在这本书后面如何展开才合适。

1.8 本书的大纲和结构

第 2 章的"现代性"中介绍了国家、市场和文化之间的关系。主题从英国政策的管辖到治理的过度，个性化和治理性是现代性主要的社会学观点。这些问题由社会科学方法的反身顺序构筑，具体使用当代公共管理的方法。

文化政策

本章对方法的爱好贯穿整本书，每一个章节都有这个观点：方法有其社会生活，形成数据和观点的基础，这个基础又适用于每一个章节。本章接着探索了文化政策的关键主题，以英国为例，介绍了经济、美德和使用权在最近30年发挥的作用。这一讨论借鉴反思的观点，直接联系文化政策研究发展的思考，此研究提供了一种理解本章中概述的所有观点的方法。

第3章思考了当代文化参与，与第4章的创造性工作讨论展开联系。这两章都探索了第2章的个性化论点，将此观点与自我管理和治理的福柯法相比较。本章讨论了现代社会的文化消费，探索了谁做了什么，为什么反对创意工作者的精神背景。概述和批判了法国、美国和英国社会的文化"杂食动物"论点，提出了专业知识、身份、社会阶级对文化消费理解的重要性。本章也描述了当今社会的社会科学衡量文化参与和消费的局限性，文化参与和消费构筑了我们对文化消费的理解，描述了数字化革命在衡量文化参与分配中的作用。

第4章讲述了创作。概述了创意产业这一想法，涉及了创意产业话语兴起的关键原因。本章将创意产业同企业家精神、创意工作者观念的重要性联系起来，回应了英国经济内部持续困境的原因。本章解开了创造性劳动模棱两可的观点,概述了开发、自我管理和与危险工作相关的失败观念等问题。本章用创造性工作的愉悦与这个问题形成对比，用"好"工作的概念来解释由创造性工作而来的潜力释放。本章总结了创造性教育，以及艺术和人文科学在生产受训的创造性工作者中的角色。

讨论了消费和工作之后，第5章思考了地点和空间的重要性。第一段讲了文化主导的再生及其在新工党政府时期英国文化政策的优势。以欧洲文化之都为例，本章概述了文化主导的再生理论，讨论了地点和差异的重要性，否定了英国本土文化政策中的同质化论断。本章讨论了2008年的欧洲文化之都利物浦。利物浦经验显示举办"欧洲文化之都"带来的一系列社会、经济、艺术方面的影响。本章还关注了领导问题、城市治理网络改造问题，特别是2008年准备举办欧洲文化之都艺术和文化部门的职能问题。最后思考了社会科学在研究此次活动中的地位，以文化主导的再生"利物浦模式"为基础构建了成功事例，这一再生理论支撑了譬如"英国文化城市"这种项目。

最后一章主要讲了公共价值。本章介绍了公共价值发展的背景，其中包括新公共管理相关的观点，新工党执政的方法以及与新公共管理有关的性能管理技术的局限性。本章分析了公共价值的发展，从马克·摩尔（1995）的著作的来源，一直到现今英国公共管理中的零散使用。本章接着讨论了文化政策中如何使用了公共价值作为文化价值观。用三个个案研究了文化政策中公共价值的使用，分析其优缺点，然后说明它怎样反映出本书的核心主题。第一个例子，艺术委员会英格兰的《艺术辩论》，表明公共价值怎样作为制度学习的一种形式。第二个例子，文化遗产彩票基金使用的公共价值，认为这个术语是一种测量框架。最后一个例子，英国广播公司使用的公共价值，表现了公共价值作为意识形态批判的防御战略和经费削减的概念。这三种用法都说明"公共价值"这个术语缺乏连贯性，本章最后总结了其有用性已经过时。接着说明创意产业，文化主导的再生理论，社会包容和基于事实的政策制定，文化价值与特定历史项目的纠葛，即一旦与政府相关时使用这种语言就不正确了。

最后一章回到本书的主题——管理和治理、价格和价值、现代性的身份。总结部分以英国最重要的文化机构英国广播公司为例，将前面几章对管理、价格和现代性的分析联系起来。本章分析了英国广播公司在管理改革和城市再生中的职能，接着详细讲述了英国广播公司在现代英国文化中的批评和防御。这两个讨论回到本书的前一章节，说明了文化、空间和地点持续的争议性本质，展示了英国广播公司机构"审计文化"的结果相关的辩论。本章（书）最后提出问题作总结，通过使用英国广播公司的管理结构及其社会科学调查手段来理解消费者的满意度，再次回到将社会生活的方法作为一种手段，显示文化政策研究有助于理解现代性。

第2章
现代性、政府及社会生活方式：文化政策背景的定义

随着传统和习俗的影响在世界范围内的逐渐消退，自我认同的基础——自我意识——发生了变化。当个体在一个群体中有稳定的社会地位，并且越来越多地处于传统环境中，个体的自我意识就越强。即使传统消逝，可选择的生活方式增多，自我也不会得到解放。所以必须寻找比以往更具活力的基础来塑造或重塑自我认同。

——吉登斯

　　"现代性"这个词语指出了一个显而易见的问题。欧洲现代性理论学家彼得·瓦格纳（2012）就说过这个词本身就极具争议性：现代性不仅代表着进步和理性的光辉，还代表着人类掌控经济、社会和环境的能力，与此同时，它又隐含着种族歧视、帝国主义以及人类对地球和自身的掠夺。

　　霍尔等人（1992）对此做了十分精辟的描述：现代性不仅仅是相对于"现在时间"的一个新的历史时代，还是一个持续发展的过程，其根源错综复杂、历时甚久。此外，他们还总结出了六种特性（霍尔等，1992：6），这六种特性为读者更好地理解参与本书讨论的作者提供了基础。首先，自从国家取代教会成为主要的社会组织，现代性就受到世俗统治，而不受宗教统治下的权力和立法机构的控制，这与第二种特性相关联，即理性尤其是科学的世俗观念取代了宗教解释。由于固定的阶级、民族和性别的等级划分受到了新的社会经济关系的挑战，社会秩序也由此改变。而在财产所有权和市场关系日益普遍的情况下，这种新的社会经济关系也因为货币交换而有所缓和。最后，这六种特性又是由个体组成的社会的背景，这个社会所有的个体文化与个体相辅相成，个体文化是个体的产物，个体也是个体文化的产物。

　　现代性的起始时间还有待考证，但哈维（1990）已认定现代性结束于1972年，其根源则是关于这个词语的含义引发的广泛争议的主题。人们一致认为启蒙运动标志着现代性的开端（霍尔等1992）。启蒙运动发生于18世纪后期，是一场席卷整个欧洲的哲学、政治和社会运动。启蒙运动何以如此重要？原因在于其核心观念符合当时世界发展的需要。无论是社会科学还是哲学，都是促使人类知识进步、发展经验主义科学和运用理性解决实际问题的核心方法。这些普遍的方式方法帮助人类社会发展进入一个世俗的、自由的，并且能接受个体的社会（在现代性开始之前，这一观念并不被欧洲社会所认可）。

德兰蒂（1999）在20世纪末写道，我们依然身处现代性之中。他认为，现代性的显著特征就是存在冲突，即寻求社会结构、社会文化、社会组织和机构支持下的个人自由与践踏支持践行这种自由的指示之间的冲突。因此，现代性是充满了矛盾的。在德兰蒂的作品中，这一冲突始终回旋在社会秩序和个体获得自由和自治能力的对立之上。这一点许多作家都提到过，只是方式不同（德兰蒂1999：18）：涂尔干认为社会为每一个单独个体都创造了专属角色，这些角色会质疑社会是否有能力保证自身一直是一个不可分割的整体；韦伯也认为将官僚主义的这种理性运用到社会中去，将会禁锢那些服从于理性的个体的思想。

瓦格纳（2012）认为现代性在全球格局分割为三个世界时达到顶峰——第一世界为自诩现代的自由民主国家，第二世界为社会主义国家，第三世界则是迫切需要得到发展、实现现代化的国家。在20世纪60年代，这一格局是对现代性最好的描述，现在却不然。此外，以代表现代性的西方民主国家为组成部分的世界格局也受到了严峻的挑战。

他提出，与后殖民主义、新自由主义以及后福特主义这类工业组织形式相关的社会变革给吹嘘现代性的西方国家带来了三大挑战。首先，现代制度已经向不同的社会形态转变了，尤其是那些政府官僚、核心家庭和宗教圣职之类的国家制度和社会制度。这一点对本书中关于政策的制定和整个社会的讨论尤为重要。

其次，资本主义和现代性之间的相互关系造成了一些不确定的后果，且围绕自由的本质这个问题尤为严重，与自由民主国家的公民权利有关的自由也许并不是与买家卖家这种市场关系相关的自由。在考虑政府、市场和文化之间的关系时，这一点尤其重要，这也是第6章主要讨论的问题。

最后，现代性的欧洲中心主义产生了一个进退两难的问题，就是如何讨论现代性的组织和经历，并且必须要超越代表现代性中心思想的等级制度。在20世纪90年代和21世纪初，现代性理论学家在写到现代性的模糊性时，也提到过这个问题。

瓦格纳（2012）关于福柯的作品在此也发挥了有效的作用。本章后面要详细讨论的治理术，可以被视为推翻现代性两种趋势的一次更广泛的尝试，这两种趋势既与历史时刻相关，又与启蒙运动的人文观念相连。以福柯的观点来看，现代性不仅是对自我和这个世界的一种态度，而这个世界又不停地提出质疑，并尝试构建另一个不同的世界，同时现代性也是一个新的时代和一系列制度（瓦格纳，2012：21），这些制度又规约着生存其中的个体和社会。第二点批评否认了现代性制度做出的承诺。法兰克福学派的作家亲历了德国纳粹的恐怖统治和欧洲战争的残酷，对他们而言，现代性的制度，包括启蒙运动的观念，会带来令人恐惧的后果。这与同时期一名探讨现代性的重要思想家鲍曼（1989）的观点不谋而合。鲍曼指出了过去那些将人民从启蒙运动前的社会等级制度中解放出来并赋予公民平等权利的理性官僚形式，是如何变成死亡集中营和大屠杀的极端工具与技术的。

2.1 现代性和个体

现代、晚现代、后现代和反现代的一些理论学家（如：詹姆森，1992；贝克等人，1994；吉登斯，1999；利奥塔尔，1984）都对鲍曼在他的作品中讨论的问题和表达的观点十分感兴趣，所以他的作品值得我们做进一步的深入探究。但这并不说明这些不同领域的作家们持有完全相同的观点，反而表明了他们是如何在理论上去理解、了解并回应现代性带来的冲突和矛盾的。反过来，理论工作又为当代政策的制定提供了大量的背景资料，尤其是在这两方面：一是从统治向治理转型；二是社会科学在政策制定过程中的重要性。

鲍曼有两篇文章非常有助于对这个问题的讨论。其中一篇是他在2000年发表的《流动的现代性》，这篇文章写的是现代性的矛盾是如何在自我侵蚀的过程中达到顶点的；另一篇则是他在1989年发表的《现代性与大屠杀》，讲述本是带来解放的现代性制度和实践变成大规模屠杀工具的过程。这两篇文章揭露了现代性的矛盾性和模糊性，这也是贯穿本书始终的两个主题。矛盾性和模糊性对解释以下三点的作用是不言而喻的：制定政策所运用的社会科学技术；在工作和城镇转型过程中文化发展的前景；文化是脱离于社会机构的美学领域的主张。

本书从《现代性与大屠杀》着手谈起。现代性是从之前的启蒙运动发展而来，但它的发展却受到了鲍曼在1989年提出的一个激进问题的影响。那些将人从近代传统、迷信以及宗教的禁锢中解放出来的制度，用鲍曼的话说，本身就是恐怖的根源。理性本是启蒙运动的根本理念，国家制度也曾声称不论贫富、地位，所有人都是平等的公民，但现在它们却成为了种族灭绝的工具。大屠杀已不再是谋杀行为，运用理性也只为更有效地去屠杀，所以如何实现大屠杀这个技术性的问题已不再是道德问题了（鲍曼，1989，阿伦特，2006）。因此，现代性并非是向前迈进，亦不是理性的胜利，更不是人人平等的乌托邦。现代性是矛盾的、模糊的，它在解放人类的同时，也在毁灭人类。

这两个关于现代性大屠杀的极端表现并没有违反现代性的精神，也没有脱离文明进程的主干道。相反，它们始终坚持着这种精神，无心理会其他，只试图达到它们完成文明进程的终极野心。同时，也表明它们设计、控制并使之合理化的现代文明是可以实现的（鲍曼，1989：93）。

现代性的矛盾性和模糊性最终会引起诸多问题，这些问题都是以否定现代性之前的时期以及20世纪工业垄断资本主义时期的确定性为中心。鲍曼引用马克思和恩格斯的著名论述"一切坚固的东西都烟消云散了"，来印证资本主义资产阶级形式的结局，马歇尔·伯曼（1982）在其同名著作《一切坚固的东西都烟消云散了》中也多次引用了这一论述。虽然鲍曼并非马克思主义学家，但他使用流动性这一隐喻去理解当前阶段现代性的转变确实十分符合马克思和恩格斯的见解。马克思和恩格斯曾认为人们将会改变社会去创造新的"坚固"形式，而鲍曼并不同意他们的观点，他在其作品中提到，从亲属关系到家庭或从财产到阶层的这类社会结构的变化不再是固定结构之间的变化。

对正处于现代性时期的我们而言，就业、宗教和家庭结构这些传统已经有了极大的改变，这些改变将我们从传统的禁锢中解放出来的同时，也将社会纽带变得松散。同样，我们也不再受时空的限制，尤其是对那些强烈支持全球资本主义的人来说（弗里兰，2012）。流动性技术（厄里，2007）的出现虽并未导致社会生活完全重组，但却是造成这种现象的重要促成者。当代许多现代性理论学家都提到过这一观点，无论是吉登斯（1999）关于压缩时空的著作，还是卡斯特尔（1996，2000）关于在全球网络中高速流动的设想，或是鲍曼关于流动的现代性的著作中都有提及。

当代的现代性允许人们不以是非对错为标准去塑造自我，而让他们自由选择生活方式。人们因此成为消费者，通过自己的消费选择和爱好来表达自我。但这却是十分矛盾的：

> 即便（说"因为"更恰当些）有广泛的选择和无限的新体验，选择者的生活总是有好有坏。生活总是危机四伏：你虽有选择的自由，但尽

管你挑到了好东西，不确定性却始终如影随形，令你心生不快。

人们梳理自我的要求给了他们梳理自我的机会，这一点对个体的影响十分深远。伯曼（1982）的作品从社会和文化的方面去阐释现代性，他在重申马克思原有见解的同时，也体会到了现代性的矛盾之处：

> 身处现代意味着身处在这样的环境之下——我们能在其中进行冒险，获得能力，得到欢乐、成长以及改变自我和世界的机会，同时，这个环境也会给我们带来威胁，摧毁一切我们所有的、所知的和人类本身。现代环境和经历跨越了一切地域、种族、阶层和民族的界线，从这个层面来讲，现代性可以说是将全人类团结在了一起。但这种团结却是似是而非，是分裂的团结：它将我们推向了一个漩涡之中，一个瓦解和新生、斗争和矛盾、模糊和痛苦永存的巨大漩涡。身处现代便意味着身处宇宙的某一处，在其中便如马克思所言："一切坚固的东西都烟消云散了。"

身处这个巨大漩涡之中的是个体化了的个体。个体化是将一个人的生活经历从之前禁锢他的结构和传统中解放出来的过程，尤其是他的自我感（米登，2004）。社会学家于尔里克·贝克在其书中提到，个体化"是每个人的传记内容不再由别人决定，而取决于他自己……他的传记不再由他人代写，而由自己撰写，并不断地进行更新"。

个人传记的材料来源十分丰富。卡斯特尔（1996：7）就教过人们如何使用"各个领域的建设性材料，比如，来自历史、地理、生物、生产性或再生性制度的材料、集体记忆或个人传奇、动力装置抑或是宗教启示录"。如此说来，个体本身并非是完全自由和自治的，也并不能从那烟消云散的坚固的现代性结构中去创建个人传记。然而，个体性确实是对建立代表启蒙运动核心观念的社会的设想，即人类终将从现代性之前那个时期的禁锢中解放出来。

　　个体化对第4章将讨论的创造性经济尤为重要。创造性经济期待能通过创造性的工作和劳动来赢得自由和自我实现，这一点与个体化不谋而合。作者在第4章将创造性经济与现行的社会结构和公共政策的局限性联系起来，讨论这个理论的不足之处。

2.2　现代性和经济

　　学者们热衷于讨论现代性对个体身份的影响，同时也热衷于讨论现代性的经济构成。卡斯特尔（1996，2000）曾尝试过将个体自我感的变化同基于信息技术的经济联系在一起。卡斯特尔并不是探讨经济和身份两者关系的第一人。事实上，那不仅是马克思所有著作及马克思主义信仰的核心，也是古典社会学和现代社会学思想的核心，包括涂尔干对社会劳动和社会凝聚力关系的见解和韦伯对现代性之所以在欧洲社会出现的原因所做的解释。

　　经济在现代性中的地位受到了广泛的关注，有许多学科讨论这个问题。实际上，该如何表达全球经济组织（赫尔德，2005）的变化这个问题极易引起争议和困惑。现行的经济体系有诸多称谓：知识经济（福雷和伦德威尔，1996）、后工业经济（贝尔，1974）、金融资本主义（恩格伦等人，2011）、新自由经济（哈维，2007）、网络社会（卡斯特尔，1996，2000）、数字化资本主义（贝当古，2010）和后福特主义。所有这些称谓都是为了弄明白是什么将现行的全球经济形式同过去（包括易受上文提到的理论争议影响的高度现代性时期）的形式区分开来的。

　　上文提到的最后一个称谓"后福特主义"是个极其有用的词语，值得在此一提。福特主义过去用来描述 20 世纪普遍存在的经济组织形式，涵盖了许多方面，包括进行大规模生产的工厂里的工作和劳动方式，这些工厂（与工业革命时期的作坊和工厂相比）全部装备了技术先进的机器。首先，后福特主义解释了社会经济在社会环境不会限制大规模生产消费的前提下是如何发展的；其次，它帮助人们了解政府、大企业实体和工会代表在解决薪资问题上的政治解决方案，但这是基于生产力和发展不断进步的前提；最后，它也是社会组织的模型："它不仅包括核心家庭对标准化集体商品的消费，也包括了官僚主义国家制定的标准化集体商品和服务的条款。"（杰索普，1991：137）

　　这自然是对现代性危机的描述。在 20 世纪 70 年代至 80 年代，现代性的解决方案受到了阻碍，于是后福特主义尝试分析这对经济的影响。尽管有些人在新自由主义这种席卷全球的大规模意识形态运动中找到了答案（哈维，2007），但后福特主义这一概念还是在更广泛的生产消费实践的基础上，与政策制定者、媒体、学者还有智者的意识形态结合在一起。福特主义时期的大规模生产并未满足人们对个体商品的需求，消费由此低迷，并且福特主义模式在社会和环境这两方面都到了其发展上限，后福特主义则开始走向全球化、建立经济组织、解决生产力下降的问题以及权衡维护福特主义模式所需的代价（阿明，1994）。革新管理理论旨在继续追求现代性所赋予的自由，同时保证稳定的投资回报（博尔坦斯基和夏佩罗，2007），以此为理论支持、旨在为股东创造更多价值的公司管理方式的革新（弗劳德，2012）和技术改革（阿明，1991）在这个转型时期也发挥了极其深远的影响。

　　20 世纪 90 年代初，思考后福特主义的作家们经常以信息通讯技术（简称"ICT"）高速发展的作用为专题写作。自此，有观点认为其发挥了极其关键的作用却非决定性的作用，但此观点颇具争议。"认知资本主义"是当前经济秩序的涵盖性术语，人们正是在这一术语的概念范围内来解析信息通讯技术的高速发展（穆利耶·布唐，2011）。穆利耶·布唐写了一篇十分晦涩难懂的文章，将这一发展的特征（一共15个）都归因于认知资本主义，而这些特征也足以涵盖其他许多想要描述当前经济秩序的理论学家的理论。当代马克思主义的劳动理论十分注重脑力劳动，其对经济发展甚至是物质商品生产部门的发展所起的作用愈加重要。穆利耶·布唐举例证明了这一点，即农业生产——人类生产物质商品最基本的方式（尽管如今已是最主要的跨国商业之一）——是如何越加依赖机械化、信息通讯技术以及信息数字化的。

知识能创造经济价值，所以脑力劳动在经济发展过程中的作用才更加重要。知识取代体力劳动成为生产过程的核心，这为建立新的劳动部门和经济活动形式创造了机会，同时也淘汰了那些无法适应体力劳动向脑力劳动转变的人，卡斯特尔（1996，2000）也同意这一颇具争议性的说法。最近英国研究2008年金融危机影响的调查显示：体力劳动参与的高科技生产对经济发展所起的作用依然十分重要。这一观点与体力劳动共同发展，但体力劳动必须创造出认知资本主义赖以存在的方式以及巩固现代性的所有形式（西方的和非西方的形式）的这类消费品（鲍曼，2000）。

如果知识是创造价值的基础，那么这里最主要的问题就是经济是如何建立起来的。穆利耶·布唐（2011）引用了后福特主义文学描述的特征解释了这个问题，即现在企业生产的商品日趋个性化、灵活化和时尚化，而不仅仅生产如亨利·福特所说的"只要是颜色黑得更加个性化、更加富有弹性、更加及时生产的产品的任何颜色"的商品（阿明，1991）。法兰克福学派认为休闲也是一种劳动形式，此观点现在发展为经济价值是由消费者创造的，所以这样的经济系统使得生产者和消费者之间的界线日趋模糊。西尔以脸谱网通过用户的使用活动来营利为例，解释了上述观点在信息通讯技术行业的核心领域——电脑游戏中的适用性。

在工业资本主义时期，价值就是机械、人力劳动和物质商品的生产和积累。而在认知资本主义时期，"知识是价值的源泉，是主要的积累对象……财产权、网络定位、联盟和项目管理这些重大事件成了主要的制度和组织因素。对空间、制度和组织进行定位的需求决定了这一时期资本主义采取的策略，这些策略有可能提升资本主义参与创造性活动的能力以及从这类活动中获利的能力"（穆利耶·布唐，2011：57）。标志性的机器不再是蒸汽机和煤矿，而是计算机和工作网址。

认知资本主义与工业资本主义最后的不同之处在于：认知资本主义是在网络之中由网络本身组建的，知识变成了网络以利用信息通讯技术的发展，企业也采用网络模式进行组建。

卡斯特尔（1996，2000，2004）关于社会经济的设想中极关键的一点就是网络。网络不仅让我们有机会探讨现代性的统治方式，更让我们有机会进行从现代性社会学研究到政治科学的跨学科研究，进而对公共管理和处于现代后期的、后福特主义网络时代的国家进行一系列的变革。

2.3　治理的现代性

前一部分陈述的内容存在争议。资本主义工业时代也存在知识经济，即新兴的金融服务业（凯恩和霍普金，2002），它依靠全球网络系统完成运作

（杰伊2001）。但值得我们研究的是现代化知识经济的新特征和新形势，因为探索新知识经济对解释现代政府如何运行至关重要。

尽管存在争议，但不得不说改变已成为联系公共服务和新公共管理的纽带。无论是现代还是福特主义时代，国家制度的特征都是由等级官僚体制的类型决定的。20世纪初，马克斯·韦伯将与传统和个性不同的理性与法律应用到组织构造中，这一尝试充分体现了什么是官僚体制。但是，为了符合瓦格纳（2012）的多样现代化类型，韦伯将他的"理想型"官僚体制在整个世界中进行了分类。如在法国，"理想型"官僚体制与培训精英技术员有关，反映了1789年后法国大革命期间贵族阶层的没落（布迪厄，1994）。相反在英国，绅士化的官僚体制使已经存在的、由高级古典教育支持的阶级体系获得新生（奥斯本，1994）。

为了弄清这种"理想型"官僚体制的形成自20世纪70年代以来经历了哪些变化，不妨把英国当做一个直接的案例来研究。伯纳姆和霍顿（2013）总结了"传统"公共管理具备的三个要素：政治活动和政治决策区别于行政工作；根据天资与业绩，按等级组织，不考虑人际关系、财产状况或社会影响；具有永久性和终身制的特点，不用参与决定政治家在位时间的轮番选举（拉什和吉丁斯，2011）。随着20世纪的到来，由于现代管理理论提供了新的管理模式，传统公共管理的三个要素也难免受到科学的管理模式的冲击（博尔坦斯基和希亚佩洛，2007）。

虽然传统管理模式先是被采用，接着遭到变革，最后又被否决的原因激起了有关现代局限性的讨论，但是这些原因也是备受争议的。两位具有影响力的公共管理理论家奥斯本和盖伯乐，证明了传统公共管理无法提供成果，描述了这个系统的时效性，并解释了它是如何变化的。如果把传统的公共管理模式与国家内容紧密联系起来，一旦经济和社会需要干涉和管理，那么这种管理模式最终会不堪重负。一篇经济领域的批判性文章写到置身在官僚体制中的管理者信奉利己主义，与管理他们的人一样热衷政治游戏，他们不惜牺牲广大群众和经民主选举选出的政治家的利益，以求最大限度地利用官僚帝国来实现个人利益（麦克林，1987）。这一批评学派（伯明翰和霍顿，2013）还认为，等级官僚体制并不比市场配置更有效率。哈维（2007）和其他批评学者认为这些改革属于新兴自由国家崛起的一部分，对已经拥有财富和权力的人来说是有利的。但是学者们关心的内容属于意识形态范畴，同样，对现代的批评也仅仅来自知识分子。在20世纪80年代与90年代之间，代表不同意识形态的政治家对传统公共管理方法日益不满，他们成为反右翼派的一分子，批评国家的无能和利己主义；同时加入左翼派，要求改革制度，建立一个更民主、更透明，更负责的政府。

在新公共管理模式中，市场是主要的配置形式，这是因为市场被看做是一种社会分配类型，不受传统公共管理模式影响。市场配置的管理实践应用于公共服务，同时打开了与私营企业竞争的大门。正如奥斯本和盖伯乐所说，如果管理者作为"掌舵人"而不是"划桨人"来治理国家，就能为国家减少不必要的花销（降低利益分配极其不均现象的发生）（威尔金森和皮克特，2010）。现在讨论的焦点是如何将社会科学技术应用到新公共管理体系中。国家通过使用多种评估方法，继续控制服务业的"外包"体系，考虑其是否与业绩标准和目标相符（伯明翰和霍顿，2013）。使用一些评估工具和技术，让公共管理回应这个充满否定、矛盾、模糊的现代世界。

然而，新公共管理模式本身曾遭受了严重的批判，因为它常以经济、效率和效力的原则为原则，以经济、效率和效力为基础否定传统公共管理。这样的批评大多与有关网络的讨论有直接联系。这一章的开头讨论了一些网络问题，这是讨论新经济活动和配置的关键一步。

2.4　从统治到治理

从政治科学解读公共管理的最新发展聚焦在一次讨论上，讨论的主题是："从统治到治理"。"治理"一词最初的意思是"组织化的框架"，用来检测参与者的行为，而这些参与者不处于依靠统治工具以传统方式探索出来的领域内（登特尔和罗丝，2005；斯托克，1999）。贝维尔和罗德斯（2003a）给出的定义是："用来制造困惑的推诿词，没有实际意义。"早期的治理活动中，"治理"一词有许多意思（罗德斯，1997：15；斯托克，1998），因为它属于理论概念、描述性和叙述性工具，更是一项标准（杰索普，2002）。事实正如杰索普所说的，治理"被称颂为新的社会科学典范；打破无政府状态下市场交换的局限性，在日益复杂的全球化世界，冲破自上而下规划模式的限制，成为解决这些问题的新途径；还为在维持制度、维护社会和谐方面，如何解决古老的伦理道德、政治、文明问题提供了思路"。

治理理论家的领军人物罗德斯认为，最好把"统治"理解为"决策制定"，通过自上而下的分层管理，以新公共管理模式反对的公共部门为基础进行决策。而"治理"包括资源共享，指那些或代表政府，或代表个人，或代表文明社会，或代表境外民族国家的参与者在决策时获得的资源。在20世纪80年代，治理的网络模式是在国家空洞化发展的基础上流行起来的，从此国家丧失了一些功能，只能转而管理像欧盟这类超国家组织和政府间的组织，还有一些民间团体和私营部门（罗德斯，1997）。由于跨国代理在政府的决策制定和实行过程中越来越重要，政府和国家开始自下而上进行分离。西欧和欧盟是这种状况的典型，现在它们也只能管理一些跨国、跨地区和超国家组织。

本书用"治理"一词帮助读者理解公共部门组织、私营部门组织和志愿部门组织三者和谐共处的重要性，这些组织共同执行现代文化政策和管理决策分离事宜。此定义最接近斯托克（1998，1999）著作中"治理"的概念：为研究而设计的"组织框架"，以允许在制定政策和执行政治行动前进行调查，进而了解治理流程的变化过程。此框架没有历史经验可寻，也没有理论意义，但能使研究更具意义。考虑到当代政治科学中的治理结构时，最后一点尤为重要。

过去十年里，罗德斯给治理下的定义也是在批判声中逐渐被接受。对罗德斯著作的批评往往聚焦在政策制定过程中地域和主题的变化。由于治理坚持主张网络的优势，如果把治理理解为网络，那么就无法精确得知在决策制定过程中会发生哪些变化。如果死板地把治理等同为网络，那它可能不包括其他行为方式和政策制定的其他过程，这样会错过一些重要变化，如会忽略一直存在的等级管理形式。从戴维斯（2002）、杰索普（1997）和怀特海（2003）的著作中得知，在治理网络论中，这个问题是"过分僵化与过分灵活的矛盾体"。

其他批评大体上都是关于"过分僵化与过分灵活的矛盾体"，集中在政策的执行和创建形式上。这些形式既分等级又相互合作，这是因为顺利的政策制定过程取决于清晰的管理界限——几乎没有或根本没有协商的余地（怀特海，2003；戴维斯，2002）。这一点可以在杰索普（1997）的"元治理"理论里找到强烈共鸣，因此，国家更能直接影响网络的运行背景。这些想法容易让人联想到卢克斯的权力的第三张脸，国家可以管理网络形式。比如，国家仅仅把网络当成一个"合作伙伴"，建立一个保持距离的等级控制系统，而不允许不受国家控制而自由发展的网络形式。

贝尔和亨德莫（2009）与治理建立了最成熟、最至关重要的联系。在他们的著作中可以看到对"国家空心化"的反对，他们一再强调国家在治理上扮演的角色，尤其关注中央政府和国家政府对治理的影响。的确，虽然国家和参与者关系密切，但是国家依然占支配地位。正如杰索普（1997）的"元治理"一样，统治依然有绝对优势，然而统治的角色已经被重新配置。在贝尔和亨德莫（2009）的观点中，政府的内涵涉及一系列领域，尤其在处理被政府定义为存在问题的或反社会的行为时，采取直接的处罚措施或分级处理手段。同时，国家权力和操控越来越多地渗透到个人生活中（同时又是一个冲突，体现了现代人追求自由的矛盾心理），并且利用市场和文明社团落实政策成果以达到扩大而不是缩小治理范围的目的。由此，随着"国家中心论"治理模式的出现，权力和效力也被联系到一起。

如果同意权力不平衡的参与者可以依靠网络治理国家，那么国家和中央政府依旧重要的地位不仅值得关注，同时还能解释为什么治理的本质属于社会科学建设。有关治理问题的讨论既属于理论建设，又属于叙述性描述，发人深省，使人更进一步思考社会科学如何帮助我们理解世界。贝维尔（2003，2010）和罗德斯（2003）通过把治理归属到特定一方，试图弱化它的中心地位。在此书中，治理是一个创建的概念，大多来自于一些故事和个人的叙述，他们讲述了现代统治面临的困境以及决策人如何克服这些困境。网络是社会行为的产物（贝维尔和理查德，2009），同时也是信仰和传统的产物。有什么样的信仰和传统就会产生什么样的社会行为，反过来，世界上的社会科学观又在塑造着信仰和传统（吉登斯，1984）。因此正如本书谈到的社会科学属于社会生活的一种，那么治理也在其中。贝维尔（2010：438）认为："治理是一个复杂过程，包含了无尽的解释、斗争和活动，产生了千变万化的规则。"

在贝维尔和其他理论家的后期工作中，与其他理论家仅仅研究现代政府和国家怎么运行不同，他们研究的是治理应该"怎么做"，国家可能采取哪些技巧。怎样治理牵涉到国家和个人，因为这个问题也是政策问题、人口和民族问题。鲍曼（2000）提到，困境会使现代性充满否定和质疑的声音，而这一系列问题都可以在米歇尔·福柯的"统治术"中得到解释。

2.5　统治术

尽管有脱离本身理论复杂性的倾向，但个性化这一概念重新设定了个体和社会的关系。鉴于个体已限制在社会结构里，个性化只是为个体提供了超越这些限制的可能性，并以建立自我为目标。吉登斯（1999：47）参与讨论了在现代环境中传统占据什么地位，总结了个体将会得到哪些契机：

> 随着传统和习俗的影响在世界范围内的逐渐消退，自我认同的基础——自我意识——发生了变化。当个体在一个群体中有稳定的社会地位，并且越来越多地处于传统环境中，个体的自我意识就越强。即使传统消逝，可选择的生活方式增多，自我也不会得到解放。所以必须寻找比以往更具活力的基础来塑造或重塑自我认同。

最后一句表明当务之急是要让个体看到自我，而不需急着认同个体是社会地位和性别、等级、种族、性行为的产物。如果作家能从人的自我认识中探求社会结构存在的弊端，那他对个性化的论证将更具可比性，更完美。为了弄清社会制度和相应的技术怎样产生个体认同形式，我们需要一个方案，作为文化政策研究的其中一个分支的中心任务。这些文化政策是经过研究文化问题（与研究现代问题有相似领域）后制定的（路易斯和米勒，2003）。

法国理论家、社会学家、哲学家米歇尔·福柯在后期研究中提出了"统治术"这一概念，为了拓展仅在国家层面研究统治的范围。福柯认为统治是"对儿童的'统治'、对暴躁情绪的'统治'、对穷人的'统治'"（福柯，2003：48-49），这层含义描述了进行社会生产和社会管治的新兴的制度工具和科学技术。福柯在20世纪70年代末、80年代初的一次演讲中，采用统治术其中的两个概念深入分析了统治的含义。

要理解统治术的含义可以先理解与本书无关的含义：统治术描述了从中世纪到现代早期经历了哪些变革。直到16世纪，福柯在分期研究中说明国家已成为"统治化"的国家（伯切尔等，1991：102-103），也就是说国家已存在统治问题。由于过于空洞，这种用法并无意义。

第二种用法聚焦现代社会的治理方法，这种方法依赖特定的知识，以及为维持和生成社会秩序而繁殖后代的技术。民族国家的崛起替代了个人专制，"一方面形成了整套特定的统治机构，另一方面创造了'救世主'"（伯切尔等，1991）。

想要理解这一用法，必须先学习和理解国家中心论里的民族国家及其指导网络系统，把它们当成制度和知识以使统治成为可能：

> 制度、程序、分析和反思，加上使具体且复杂的权力得以实现的运算和策略一同构成的整体，其目标是人口，其主要知识形式是政治经济学，其根本的技术工具是安全配置（102-103）。

制度分析的核心在于分析为统治和社会再生产所需的理论或智力配置。本章中已采用制度分析结合法，讨论了现代性和统治的问题，接下来开始讨论文化政策存在的问题。如果我们采用威廉姆斯（1989）的观点，认为文化是特定群体生活方式的产物，那么很明显统治术就是如何分析文化的重点。

但是，根据一些马克思主义者（如阿尔都塞，2005）的分析，文化并不仅仅是统治和国家的附带现象。相反，一方面我们要从更广泛的方面看待文化政策，比如说，人们怎样消耗或怎样生产他们的文化；另一方面要从国家政策和管理方面看待文化政策，比如，对艺术组织实行新的公共管理会产生什么影响。从两个方面理解文化，探究统治策略对文化的影响，有助于理解实行这种策略会产生什么样的生产力。路易斯和米勒（1992：174）改良了福柯对不同社会科学的研究成果，他们认为制度分析是构思和管理技巧的结合体，用以解释现代人的个性化：

> 今天政治权力是依靠与不同当权者结成联盟来实现的，这些当权者致力于政府政策中，统治经济活动、社会生活和个人行为的多个方面。与其说权力对公民实行强制约束，不如说权力赋予公民一种能力，使他们能承受这种限制的自由。个人自主权不是政治权力的对立面，而是政治权力实现的关键一环，这是因为大多数个体不仅是权力的主体，更在权力实行中扮演了一个角色。

权力关系产生了生产力而非压制在当前的讨论中有双重含义。米勒和路易斯（2008）认为生产力可以使政策的制定先于行政机关或立法程序的行动。路易斯和米勒所说的政策存在于更宽泛的网络中。统治术这一概念为现代社会学和治理的政治科学建起一架桥梁，借此以批判的思路讨论现代统治的角色和为统治采取的管理形式起什么作用，讨论统治活动的意义和影响。

这一点是本书中"统治术"的第二种用法发展的基础。米勒和路易斯在讨论"统治术"时认为，设计网络的想法不只是聚焦于机构如何产生个体、总体、经济和社会，更提醒人们治理的网络系统及其一系列不同的制度参与者，如何控制那些为实现政策而运用的技术和实践：

> 以可治理为前提，明白这一客体不只是一项纯投机活动：它需要创

造符号程序和收集并表现数据的方法，还需要将这些方法转移到执行计算和判断的中心等等。正是通过这些注册程序才能构成"统治术"的不同领域，才能给一系列"客体"如经济、企业、社会领域、家庭等，赋予特别的概念形式，使它们成为干预和调节的对象。

后面讨论的社会科学方法以及双重社会生活方式，对于理解如何实现现代统治至关重要，而且应把它们归于网络治理研究的一部分，尽管存在争论，但这可以表现出当代公共管理和治理的性质。本书中的每一个例子都与这一立场有关，表达了这一立场的相关见解。在利物浦，城市发展的治理与社会科学技术，尤其是测量经济影响的技术，交织在一起构成决策者口中成功的基础。在创造性经济中，工人的身份是市场结构条件的产物和反映，这种市场不仅产生劳动力，还产生了审美独立的愿景。公共管理想法为艺术组织是否有价值提供了辩护平台，同时，文化消费用来表达对一种前景的赞成和反对，这种前景就是人的个性能超越盛行于前现代的社会结构。

2.6 现代性的方式

关于现代性矛盾与冲突的叙述并不局限于经济和社会。先前的讨论已经表明现代性是如何影响政府的，随后也提出了政府所使用的工具以及技术是如何形成的、如何被现代性所塑造的。为了与这些叙述一致，现代性在研究方式上提出了一些疑问，从治理术的角度看，这些方式对于国家与政府的运行至关重要。在这一领域的最近研究反过来都试图去证明这些方式就是社会生活的一部分，同时也试图去阐释"社会生活方式"的来历。

近年来，社会科学经历了所谓的"反思转向"，因为研究者越来越多地质疑社会科学的社会地位以及塑造社会世界角色的方法。一些备受瞩目的思想家（例如，吉登斯，1984；鲍曼，2000）都在探究我们研究这个世界的方法来帮助构建和塑造这个世界。在最醒目、最有实力的形式中，这种类型的想法与表现主义观点和建构主义有关，可以在一些如"经济学家创造市场"（卡隆，2006）的声明中发现其身影。

这项研究工作产生了一系列的学科，包括试图理解社会科学如何参与社会现实构建（格吉尔和拉克曼，1991）；特别是在那些被认为非现代的社会中，社会科学是如何启动特定政治项目的（米切尔，2002）；以及我们如何理解这些方式方法在政府权力中的作用（奥斯本和罗斯，1999）等理论。从社会学、人类学、哲学等其他社会科学来理清各式各样的著作比较困难。还是2011年由劳、鲁伯特和萨维奇所撰写的一篇论文对其总结得最好。

劳等人（2011）是站在这样的立场上，首先认为这些方式并不是通向社会现实的客观工具，相反，这些方式是这个世界的一部分，我们用这些方式去理解世界的同时，这些方式也被这个世界所影响。因此，这些方式组成社会的同时，也由社会组成。最关键的是，从社会中分离出这些方式，如果可能的话，也会非常困难。

这个观点一部分建立在研究现代性的理论家——贝克、吉登斯、鲍曼以及卡斯特利斯等人的著作上。例如，吉登斯把科学实践的形式以及政策制定者所面临的风险之间的关系描述为："科学和技术不可避免地参与到我们应对此类风险的努力中，但是首先科技创造了风险。"（吉登斯，1993：3）

然而，它通过在这些方式的构成要素和角色扮演上摆出一个更为激进的立场，以及列举更为激进的后果和潜在的反应，来试图超越他们。

用这种方法去研究这些方式构成的一些事物，例如风险、政策问题、人口分布，追踪起来非常困难，对于组成与被组成的双重重要性的影响更是如此。劳等人以欧洲人的人生观调查为例，特别是对调查机构"欧洲晴雨表"的调查，调查了它源于何种设想，它又造成了哪些现实，以及它与哪些机构和组织有合作。在调查机构"欧洲晴雨表"的例子当中，它把欧洲认同感——既是市民也是消费者的个人设想的具体形式变为现实。从某种意义来说，欧洲不仅仅是在这些调查中被衡量和反映，相反，有一种说法认为，欧洲本身实际上就是在做调查，它产生数据和一系列分析。阅读并理解它们。

引用劳等人的观点（2011：13）来给出一个更为详细的社会生活方式的观点是值得的，因为它对本书中所提供的分析至关重要。通过用三种方法证明社会生活的双重方式，他们得出其讨论结果。第一种方法是他们的研究人员和研究：

> ……那些做了相关了解的人，打个比方说；IPSOS-Mori调查机构或是其他任何人。这项研究（关于对动物福利态度的记载，或是任何其他东西）将包括描述、陈述及其产生。

第二种方法是这些方式将描述和表现的社会现实本身：

> 除非这项研究毫无意义，否则至少当有一份问卷调查摆在他们面前的时候，就会有对农场动物福利持相关态度的人站出来。然后，在现实被呈现出来的同时，也有隐含的事实。这两种现实心照不宣地并存于这种方式当中，打个比方说，存在于理性主体与数据集体当中。这就是关于这些方式如何，以及是如何构成这个我们刚刚还在预演的社会的表述性论点。

第三种方法是参与第一种、第二种方法关于研究双重社会生活是如何发生的机构：

> ……其中包括拥护者（就欧洲联盟委员会DG5中的调查机构"欧洲晴雨表"来说），并且也包括一些我们未能谈到的事以及各种调查结

果涌现的巡回演讲。巡回演讲可能包括但不只限于拥护者（或者是调查机构"欧洲晴雨表"，其中包括DG5、维护动物福利的非政府组织、部分欧洲零售和肉类贸易商，以及对农场动物福利感兴趣的学者）。

就文化而言，这三种要素可直接应用。在文化领域，它是第3章中结论性评论的主题，试图去调查映射文化消费，并且反映参与到文化以及没有参与到文化当中的设想（迈尔斯和苏利文，2012）。他们带来了一些特殊人物，例如匿名的消费者以及许多不同类型和文化形态的参与者。同时他们也是学术、艺术组织和公共系统组织的一部分。无论是大型节日在城市再生过程中被认为是一个成功的例子，或是文化组织如何维护自己的价值观方面，正如我们在这本书的剩余部分讨论过的一样，我们对文化进行争论探讨的方式，从根本上受到社会生活方式的塑造，社会生活方式也有助于我们理解文化。

这些方式的本质特征使得本章节还有两个相联系的要点需要讨论。其一，这是现代性自反性广泛影响的一部分，反映与这些工具相关的矛盾，这些工具可以为我们理解世界提供一个客观的模式。其二，对"社会生活"的关注使文化政策进一步发展与治理术的合作关系，治理术与艺术文化的公共政策关系密切。这就是文化政策研究在文化研究出现之初的最初目标之一，并且继续这种方式也非常重要，因为它引起了我们对政府如何使用工具和技巧的关注，虽然它经常被看成是文化的一个对比，一个对手或是它的矛盾对立面，事实上，它深深植根于文化概念的创建，罗斯和米勒（1992），在提倡理解治理术的重要性的过程中，抓住了这些方法隐含于现代性的创造与维持的方式，在今天，时代和思想完全可以塑造文化：

> 管理一个领域需要一种代表方式，可以对其进行描绘。这种方式既能掌握其真理，也能以一种形式对其进行再现，在这种形式当中，它可

以进入有意识的政治谋划领域。因此，社会科学、经济学、社会学以及心理学理论，通过使这个世界变得可信，使其服从于训练有素的思想分析来抑制其令人棘手的现实等，为政府提供一种智能帮手。

作为讨论的最后部分，在现代性中，身份回归的想法可以作为现代性与文化相互关系的一个例子。此次讨论利用了社会学家迈克·萨维奇的著作，迈克·萨维奇在第3章关于文化消费的讨论中是一位非常重要的人物。萨维奇运用社会生活方式的观点去探讨在当今社会中身份的各个方面，特别是英国中产阶级的身份在身份意识与自我意识产生过程中，是如何变得更加有技术性，以及是如何变得更加依赖社会科学视角。

在萨维奇的叙述中，英国中产阶级，产生于20世纪30年代，在战后迅猛膨胀，见证了他们自己身份的深刻变化。这种新的身份"打破了关于地位和上流社会的旧观念，相反，这种身份强调中产阶级掌握的技术和科学能力，因此他们被看成一个高效的和一个现代化国家的关键部分"（萨维奇，2008：458）。这种新的身份也抵制了与势力有关的文化优越感，这种抵制"投入了技术的怀抱，变得更为实际"（萨维奇，2010：VII）。

社会科学中的自反性意味着在我们利用这些方式帮我们理解这个世界的同时，需要对这些方式考虑清楚。如果社会调查及其方式是社会现实的"产物"，那么这就意味着我们的方法论选择含有伦理、政治和价值因素（劳和尤瑞，2004；埃斯佩兰，2001）。人们越来越多地利用社会科学理念和发现去帮助理解他们自己和创建自己的身份，这与把个人仅仅描述为研究对象不同，作者也会考虑性别（巴特勒，1990）和性（埃斯佩兰，2001）。我们可以看出，一个人的这种想法可以由这些方式组成，而这些方式使政府在现代性中坚持下去。这就是从公共政策的角度深入考虑文化时，需要这种洞察力的原因之一。例如，这本书的引言部分就描述了文化是如何被理解成一种既反映，同时也创建个人、社区乃至国家生活方式的活动。社会生活的方式对这些方式作为一种理解、组成以及治理社会的手段进行了关注。我们很多描写社会政策、经济、不平等问题、社会阶层分化、种族以及阶级划分，因此，这个视角也给了文化同样多的描述。社会生活方式其实就是社会生活文化。试图思考文化政策的学术圈子，如何把文化政策作为一种研究对象，以及对作为一个研究领域的文化政策的地位进行理解，在这种情况下，这种洞察力至关重要。

2.7 从文化政策实践到文化政策研究

在过去的 15 年里，英国学者既是拥护者也是批评者，越来越多地参与到创意产业议程中去。在各式各样的社会场景中，有的人过去担任顾问，随后成为了学者。一些人本身是学者，同时也担任顾问或是参事。还有一些人既是兼职学者同时也是顾问。一些重要人物，主要报道政府新闻的记者已经从新闻、媒体评论和政治精英圈子进入大学担任职位。有时候，学者、智囊团、政府部门之间也有一些紧密合作。因此，随着时间的推移，一些人的角色经历了转变或是结合，知识分子在文化政策管理方面的作用是显而易见的，同时也是相当复杂的（施莱辛格，2013）。

社会生活方式表明政策问题上的学术思考关乎生产质量。施莱辛格在与创意产业有关的政策网络中有关研究繁杂性的总结中提到：为了文化政策知识成果，机构设置具有流动性，并且与研究方式相关联。施莱辛格的评论聚焦于创意产业，更加普遍的是，围绕文化政策有着相同的观点，并且主要是关注其研究领域是如何出现的，以及和公共政策之间的广泛关系。

全世界都在研究文化政策，特别是英国、美国和澳大利亚相互影响形成的初始成果，它们之间的相互影响的部分推动因素就是施莱辛格（2013）所指的流体网络。而文化政策最新的发展也是由北欧和东南亚举行的讨论所促成的，政策研究中关于英语传承，特别是英国文学，在全球范围内的学术研讨会上依然广泛存在。一方面，文化政策的研究涉及政策分析；另一方面，其与政策制定者之间的合作试图影响政策形成（路易斯和米勒，2003）。尽管有研究工作跨越这个鸿沟，但大部分著作都与班尼特（1992）以及麦克圭根（2003，2004）辩论中总结的一个或是其他立场有关，这是关于从文化研究中发展而来的文化政策研究，是这个研究领域的研究本质的一场辩论。

班尼特（1992）受福柯关于治理术讨论的影响，从文化政策到文化研究形成了自己的立场。文化研究的关键目标是在政策形成和评估中发挥更加积极的作用。班尼特认为，关于文化的大部分研究都只是在研究自身，同政府在 20 世纪 80 年代和 90 年代之间使用的文化方式已经越来越没有相关性（特纳，2011 有相似但更加新颖的论述）。班尼特在论述政府的概念时，有着更开阔的思路，和治理术的观点紧密联系。班尼特认为，治理术可以看成是为处理特殊问题和控制人民而创造的，是关于如何统治这些对象的问题（福柯引自麦克圭根，2003），政府就是一个处理特定、混杂问题的技术手段，这个概念就是班内特所提倡的全面参与政治。

在文化研究中，班尼特反对一种趋势，即一些捍卫统治阶级霸权的机构，要坚持对它们在社会中所发挥的作用进行批判（班内特，1992）。实际上，班尼特要求围绕文化所做的研究应结合管理中出现的问题和使用的技巧，这样可以直接帮助解决那些涉及构成和解决这些问题的个人和组织的需要，使其陷入无关紧要的"平庸"（班尼特，1992：32），在班尼特看来，他们无作为是由于坚持对霸权机构进行批判：从马克思主义来看，班尼特认识到有必要与"过去被称之为'意识形态组织'"进行交流和共事。

与以上所述的立场相对，麦克圭根（2003，2004）对于文化政策坚持其一贯的批判立场。对于麦克圭根来说，文化政策是文化问题争论的一种形式，并且必须从尽可能广泛的意义上去理解。在这种情况下，对文化政策的研究沉浸在质问政府传媒政策性机构创造的文化政策关键项目中或是对于建设，例如，千禧穹顶的决策上（麦克圭根，2004）。麦克圭根（2003：141）通过在新自由全球化的背景下对当前文教用途进行批判，来揭示"文化与权力之间阴险而隐秘的联系"。根据跨国资本的要求，国家和个别城市不得不以此为依据对自己进行重建（麦克圭根，2004：2）。因此，文化政策的研究任务是对政府议程的批判而不是推进。

我们可以看到，当前文化政策的研究形式来源于班尼特与麦克圭根之间的辩论。斯格里和加西亚（2005）巧妙地阐明了班尼特关于参与政府政策制定的要求，同时麦克圭根（2004）最近的更多作品是文化政策研究当中"严肃"立场的典范。斯格里和加西亚表示文化政策的研究处于起步阶段。就其本身而言，文化政策研究面临着是否有获得研究资金的必要性和"证明"其对政策制定者的有用性等问题。在这样的背景下，文化政策的研究必须满足政策制定者的要求，因此，斯格里和加西亚引证政策制定需要以证据为基础，而学术著作可以满足这一要求，同时这也是学术著作一个参与和影响政策的机会，埃文斯和肖的著作正体现了这一点，其著作影响了当地城市的发展，为文教用途提供了依据。

2.8　文化政策的实践：三大主题

班尼特希望文化政策研究参与的政策制定到底所谓何物？这个问题很难回答，因为国家的文化政策类型变化繁复多样。考恩（2006）主要试图对美国各州采用的文化政策类型做一个比较，其活动主要有商业赞助、精英艺术慈善活动、商业文化市场和西欧国家采用的文教方法，例如一些国家在文化市场上进行干预，法国对电影、音乐、国家资金进行干预。前东欧国家与西欧国家不同，采用更加集中的方式，亚洲国家则是采用比美国和西欧国家更加彻底的方式，将创意产业与文化政策相合并（弗卢，2012）。

根据国家政策制定的背景范围，余下的讨论主要以英国（特别是英格兰）的政策制定来设置主题。这本书的引言部分描述了对英语经验一致的相关性和以下三个主题概述：卓越、包容与节约。对于一些文化政策，在澳大利亚或是新加坡，包容问题的重点在于国籍和种族（约翰逊，2009）。而对于其他，比如南美洲的一些地区，节约是公民的权利义务问题（尤戴斯，2009）。在审美话语大统一的问题上，卓越在文化政策研究中呈现出不同的形式，并且在一些国家，例如西欧，有着共同的历史传承。

详解英国的经验有三个理由，且超出了政策比较工作的难度。其一，英国文化政策模式利用讲究公平正义的艺术委员会去处理文化生活中公开的政治影响力这个问题，已经在全世界富有影响力，特别是在英联邦国家。其二，创意产业模式，英国文化、媒体和体育部（DCMS）作为全球学术网络、智囊团、政策制定者和国家的一部分，也有着同样的影响力。其三，英国的文化政策在本书的余下部分会进行说明，反映了与现代性中的政策制定争斗之间的矛盾和困境。以下讨论的英国文化政策的三个主题为接下来的个案研究提供了背景：卓越、包容与节约是如何参与到讨论、创意经济、城市发展和文化组织设置中来的。

英国文化政策从三个中央政府"利用"文化中来：追求卓越、包容和节约。对这三个问题的思考为文化政策中的价值、管理以及现代性问题的详细说明提供了一个起点。

2.9　文化政策以及卓越的概念

英国文化政策初始起点或许是最难确定的。英国的文化政策长久以来都试图推动艺术和文化向卓越发展，并且可以追溯到艺术委员会成立之初。卓越的概念体现在艺术委员会的皇家宪章里，表明了其创始人——约翰·梅纳德·凯恩斯对于文化的理解，其认为文化是文明的高点（阿普丘其，2004）。对卓越的艺术文化的支持也表明艺术委员会对于精英艺术，例如歌剧和芭蕾舞剧资金上的支持和保护，这些歌剧和芭蕾舞剧从它们自身所显现的价值来看，可以称得上是高雅文化（荷维森，1995：117），反映了一个自由人文主义者对于最佳审美经验可能性的理解（贝尔菲奥雷，2002）。促进艺术向卓越发展中出现的问题甚至可以追溯到由1867年伟大的《改革法案》所引发的讨论，特别是马修·阿诺德坚持认为文化是"最美的研究"，可以"使所有人生活在甜美和光明的气氛之中"（阿诺德，1993：63，79）。第二部分引用为文化政策在2000年转为社会政策的工具和一种"经济"活动提供了线索，阿诺德概括了文化卓越性的重要性中的余下方面对当代政策中文化的"精英"层面的承诺。

来自学术界、媒体和文化部门内部的评论员，是依据英国文化政策在多大程度上实现了对审美卓越的追求而进行的划分。这些评论员经常以政府政策在20世纪80年代的变化为例，并且为文化下拨资金作为对文化卓越做出奉献时代的终结"做出解释"（贝尔菲奥雷，2002；荷维森，1995：269）。这种不安展现在对审美标准上的深深忧虑，以及在文化部门内部会议讨论过的和媒体评论员、批评家评论过的"下调标准"的指责上（雅各布森，2006,2008）。论述的类型也包括了对文化会太过商业化的极大担忧，应该需要捍卫的美学价值和在20世纪80年代快速发展（荷维森，1995：257，277）并且今天会继续发展（凯里，2005）的卓越性。评论往往认为物有所值或许同昂贵的性能并不相称，高性能或许也不能吸引观众心甘情愿地全额支付其生产成本，并且起源于撒切尔时代的担忧开始从美学转向了金融（贝尔菲奥雷，2002）。

文化卓越的这种病态或许是当前文化政策与过去50年流行的文化政策的主要区别，在政府的论述和叙事中，文化卓越没有带来确定性，是不安的根源（马尔根和沃波尔1986：21；贝尔菲奥雷2002；格林和怀尔丁1970）。尽管有关卓越的争论以及DCMS的文化政策的某些方式似乎给了审美卓越性某些参考（DCMS，2004），无论哪个政党当权，这种概念依旧蕴含于英国文化政策之中。（奥克利，2004；赫斯蒙德霍和普拉特，2005）。当前政府对免费博物馆的承诺是希望为国民提供最好的英国文化收藏品（亨特，2011）。前任部长安迪·博纳姆于2009年发起了英国新工人城市文化项目，他提出英国有DCMS和艺术委员会推动的"世界级的文化"和"文化价值观"。

DCMS的档案还为审美卓越性在当前文化中扮演的不显著的角色，提供了实质性的证据（博纳姆，2009）。自1999年的第一次年度报告起，

DCMS就有一个宽阔的访问渠道的目标和建设以参与为基础的卓越性的想法（DCMS，1999，2004），这个一直以目前形式作为一种承诺的想法是"支持文化、媒体和体育方面的英才"（DCMS，2008：4）。这个承诺在2004年的一篇文章——《政府和文化价值》（乔韦尔，2004）中有过简短的总结。这篇文章由DCMS的前国务大臣特莎·乔韦尔所写，展现了乔韦尔对文化政策的审美价值的再次肯定，并且试图从精英主义和"下调审美标准"的争论中把这个观念抽离出去。同时乔韦尔更展示了维多利亚时代的概念——最好的文化认为价值和经验有着"开化"作用，并且类似于班尼特（2000）关于DCMS访问策略的合理化改革，有人强调文化是人之所以为人的核心。与凯恩斯时代不同，当文化资金的价值不再被质疑，在当代社会背景下依然有必要去证明文化资金的合理性，乔韦尔认为最好的文化是值得赞助的，这本身就是一件好事。

2.10 文化政策作为一种形式的社会政策

在文化媒体与体育部文献中仍然充分体现出对卓越艺术的孜孜不倦的追求。这一点在1997年至2010年的新工党政府的做法中进一步展现：他们试图利用文化来达成一系列社会政策目标,不仅让民众接触到那些最"文明"的文化因素（详见乔韦尔2004年的探讨与伯罕姆2009年的演讲）,而且还展现出对于艺术和文化的深刻力量的追求，进而对公民生活产生变革性影响（DCMS，2001）。因此，当今文化政策的第二大主题是利用文化来对抗社会抵制现象。

加纳姆阐述当前文化政策是响应经济需求的结果，并受到艺术和文化专业人士的需求影响（伽汉姆，2005：27）。他在艺术委员会和文化媒体与体育部的文献中进行了大量的参考，这些需求也是文化政策的重要组成部分，与经济因素区分开来。例如，《超越边界》重现了艺术委员会对于人们在个人的、集体的和身份构建中（英国艺术委员会，2002：8-9）积极投身集体事业的推崇。其最新的战略规划书《每个人的艺术》也有着相似的主题。文化开放在新工党期间文化、媒体与体育部的总体政策规划中也占有举足轻重的地位。文化被视作对抗社会排斥的重要工具，并且可以通过非经济的手段带来集体主义的复兴（英国文化、媒体与体育部，2004）。这个期间，文化、媒体与体育部的年度报告明确指出要对公众扩大文化开放、让公众参与到文化活动中来（DCMS，1998，2000，2008）。它对新工党社会排斥委员会所作的报告中也指出，可以通过一些文化形式来对抗社会排斥，让公民在文化活动中树立个人信心并强化集体力量。DCMS 2001 年设定的核心目标中很重要的一方面，便是对抗社会排斥（克雷-泰特和斯蒂文，2001）。然而，当今的英国联邦政府并不像新工党那样致力于社会融入事业，一部分原因是社会融入的概念被视作是新工党时期所特有的，还有一部分原因是当今政府的政策目标和当时稍有差异。最有意思的是，尽管社会融入和社会排斥这些词汇在当今政府不复存在，但"开放文化"的做法保留下来了，即使是从供应方面而非需求方面进行干预。

文化开放的延续是由之前文化政策的长远趋势发展而来的。关键在于，自 20 世纪 80 年代起，文化资金需要审批，因此，它便与政府抵制社会排斥的议程结合起来（韦斯特和史密斯，2005）。这种资金审批的方式与撒切尔政府对文化在经济上的理解完全不同。与此同时，诞生了"文化是一种生活方式"的概念。文化是一种生活方式（威廉斯，1989：6）是指文化包含了一个社会、一个国家生活中的方方面面，而不仅仅是指那些卓越的视觉艺术和表演艺术。这一理念奠定了文化自身的定位：它并不仅仅是一种高高在上的卓越艺术，也是一种可以向公众开放的形式。

扩大社会融入和文化开放的观念在艺术委员会的规划中深深扎根。这一点在维多利亚时期便受到关注。1947年艺术委员会的原始皇家宪章即包括了文化参与的规定。艺术委员会在凯恩斯理论的基础上成立，并受到布鲁姆斯伯里派的影响，认为艺术是提升工人阶级生活水平的方式。贝内特（2000）阐述维多利亚时期，通过对工人阶级开放艺术、开放博物馆来提升他们的水准。这一点在文化、媒体与体育部早期政策中也有体现，"要使最广泛的人群接触生活中最美好的事物"（DCMS，1998）。尽管阶级分析和道德堕落的问题可能渐渐消失了，但提升工人阶级的生活与利用文化作用于受到社会排斥的群体仍有异曲同工之处。而不同的是，文化媒体与体育部如今使用的是后撒切尔时代的语言。

在艺术委员会内，长期以来便有向公民扩大文化开放的相关政策，进而在地方政府和文化业内，这些政策在实施过程中得到了发展。自20世纪七八十年代，地方政府开始思考是去推崇狭义的卓越艺术，还是规划反映人民实际生活经历的高尚艺术（贝尔菲奥雷，2002），以此对受到社会排斥的群体开放文化，使其更广泛地接触文化并参与文化活动。这一发展起源于一些新左派议会的议案中。20世纪80年代初大伦敦议会的反种族歧视和维护同性恋权益的活动便是典型的例子（马尔甘和沃波尔，1986：74；休伊森，1995：238）。这一发展也是工党在中央政府和地区政府推崇向公众开放文化、让公众参与文化的成果（马尔甘和沃波尔，1986：29）。这些发展与包容性的社会政策的出台及一些文化部门的推广活动齐头并进，例如，泰恩-威尔郡博物馆为应对20世纪80年代经济大萧条而发起的推广活动（纽曼和麦克林，2004：169）。

扩大文化开放不仅是一项公共政策的发展，它还经历了始于20世纪六七十年代的精英艺术活动带来的一系列挑战（杜勒和奥布莱恩，2003）。在学术界，精英文化艺术实践常与后现代主义及后殖民主义相提并论。集体艺术运动及参与型艺术活动（毕夏普，2012）与作为艺术和组织发展例子之一的新博物馆学结合起来，对形成当今重视文化开放和文化参与的政策方针产生了深远的影响。

2.11　文化政策作为经济政策——从"文化是一种生活方式"到文化创意产业

当今英国的文化政策，可以总体上被分为两大主题：一是推崇卓越的文化；二是开放有可能变革人民生活，尤其是可以缓解社会经济困境的文化机构、文化项目和文化活动。然而，自20世纪80年代起，这两大主题在文化政策中产生了发展变化：把文化政策当做经济领域的一部分。文化的经济作用引起了文化业内及学术界的广泛关注，同时也引发了关于卓越文化及文化开放的讨论。即使文化的经济作用在某些地方饱受争议甚至遭到反对（例如，图萨，1999，引自里弗斯，2002），这些争议也是在这一主题下展开的。

为理解本章中对文化政策实践和分析的双重特性与并行发展的叙述，有必要借鉴尼古拉斯·伽汉姆（2005）的著作。伽汉姆深受大伦敦议会文化政策的影响并成为文化学术研究领域中的翘楚（麦克圭根，1996：81）。伽汉姆的著作在该领域尤为重要，因为他指出了英国的文化政策从主张卓越文化及开放文化的文化制度转变为文化创意产业的概念。战后英国的文化政策分解为两方面：一方面是由政府调控和受经济制约的大众文化活动，如英国独立电台；另一方面是关于精英文化的补充。伽汉姆用文化创意产业的新概念

文化政策

取代文化政策分解的说法，源自于20世纪80年代文化业的资金分配策略。伽汉姆明确地把这种转化归因于知识经济和信息社会的到来。这一观念对于理解当代经济和本书的第4章十分重要。伽汉姆关于文化创意产业的著作对我们启示颇多，因为他把文化政策作为一种形式的经济政策，包含了建造地标建筑（普拉扎，1999）、文化旅游（伯内特，2003；劳，1992）、创意区（蒙哥马利，2003）、大型活动（罗奇，2000；加西亚，2004）和城市品牌建设（埃文斯，2003；詹森，2007；霍金斯，2006）。

　　文化创意产业取代了新工党文化政策中早期的"文化产业"，反映出无形的知识型产品对于经济的重要意义，尤其在欧盟主张利用信息化的经济活动来提升欧洲经济竞争力的背景下（伽汉姆，2005：22）。休伊森（1995）的观点支撑了这一叙述，并把注意力由撒切尔主义的经济中心转到政府政策中文化所起的经济作用上。尽管伽汉姆的观点可能并没有完全涵盖艺术和文化作为创意产业这一概念（赫斯蒙德霍和普拉特，2005），他也算启发了这一概念的产生。在信息化社会的背景下，在欧盟主张让知识成为经济生产的中坚力量的前提下，才有了文化、媒体与体育部对于文化创意产业的定义，包含了软件生产和广告定义（伽汉姆，2005：26）。伽汉姆对于文化创意产业政策的定义，相对于20世纪80年代基于撒切尔改革的狭隘定义，有了新的突破。然而，仍有许多的先行者也对完整定义文化创意产业政策做出了不可磨灭的贡献。尽管政府实施文化产业政策的时期始于20世纪80年代，把文化作为经济的一部分始于20世纪60年代对于文化理解的一场变革。

　　与这种变革相应的是一种概念的转变：以凯恩斯和布鲁姆斯伯里学派为代表（厄普丘奇，2004），认为文化是一种关于卓越艺术的精英活动的概念转变为艾略特在20世纪20年代提出的"文化是一种生活方式"的概念（埃文斯，2001），进而由雷蒙德·威廉斯（1958，1961）在20世纪50、60、70年代进行了详细阐述。文化是一种生活方式的概念对于理解公众及政府关于文化的叙述十分重要（休伊森，1995：134）。关于文化的这一观念，也与20世纪80年代英国地方政府的文化政策发展拓展了文化更广泛的定义息息相关（比安基尼，1990）。在对文化进行更广泛定义的同时，出台了一项政治议案，旨在解决中心城区群体，尤其是受到种族歧视和性别歧视的群体中产生的经济、政治及社会危机问题（比安基尼，1990）。地方政府的这些政策发展在本书第3章和第4章有详细的叙述。

2.12　文化政策作为经济政策——英国文化政策的主要叙述

不再根据追求卓越文化和"开化"受排斥的人群（贝内特，2005）的需求直接规划文化政策，尤其是文化资金，是相较于20世纪80年代文化政策的最大区别。政策研究评论家如今认识到，运用文化政策中蕴含的基本原理，可以对经济活动做出贡献（贝尔菲奥雷，2002，伽汉姆，2005）。文化在经济中起到了两种相互关联的作用：一是在国家经济、区域经济和地方经济中，在提供就业岗位、促进经济增长和提高国内生产总值方面的作用；二是在促进经济复苏和发展方面的作用。第二种作用尤为重要，因为在地方层面利用文化的经济作用，可促进文化创意产业的发展和带来中心城区的复兴。

在英国，关于文化政策的大量政策文件、内阁演讲和声明、学术文献，都无一不在强调文化对于经济的作用，特别是对英国后工业时期的经济增长所起的作用（伽汉姆，2005；埃文斯，2001；DCMS，1998）。的确，这是

文化政策

新工党在文化、媒体与体育部的工作及报告中展现的一个持续的主题
（DCMS，2008），在2010年政府换届后，这一主题也继续受到关注。

市场失效框架侧重于在西欧经济危机中利用文化投入作用于经济，
这也成为了联邦政府文化政策的重要部分。尽管政府推崇效仿美国慈善
业来削减资金，明确的是，要用经济方式和其他社会学方式来衡量以文
化政策奠基的政府统治力度。因而，文化对经济的作用受到了加倍重
视。虽然为了有效推行文化政策、构建更简化的政府结构，许多显赫的
机构组织被解散或合并，而文化政策中最核心的经济作用、文化开放和
卓越文化的主题仍然延续。戴维·卡梅伦在2012年的一次演讲很好地诠
释了这一点：

> 我们的作用，即英国电影协会的作用，是支持电影行业，使之充满
活力和创意，并帮助英国的制片人，创造出更优质更卖座的影片，与国
际上最好的电影角逐……英国电影委员会已努力争取到了世界顶级的制
片商，我们也要竭尽所能在物质上支持英国制片人打开更广阔的国内外
市场。

文化部部长杰里米·亨特对于博物馆免费开放政策的评论也阐述了这
一点：

> 儿童、学生、上班的家长、退休人员、游客，任何一个人，如果在
一个国家博物馆里初次被艺术而吸引，抑或是初次培养出探索的奥妙，
他便会成为潜在的文化消费者。倘若所有的博物馆和美术馆都能免费开
放，我将欣慰至极。然而，倘若并不是所有的藏品都可以向公众免费开
放的话，这样的开放也并非毫无意义。国家博物馆免费开放的一个崇高
目标是：让我们可以更近地了解我们民族的、本就属于我们每个人的文
化遗产。

尽管这两段评论中都可以看出文化开放和卓越文化的方面，文化的经济作用仍然是文化政策中最突出的特点。这一主要叙述出现得较晚，人仜普遍认为，英国政府对文化经济作用的认识出现在20世纪80年代（休伊森，1995；伽汉姆，2005；比安基尼，2001）。本章已阐述了文化政策中贯穿了卓越艺术和公众参与的概念，而在国家重构和工业衰退之前（甘布尔，1994），文化部门往往对工业和商业活动充满抵触（格林与维尔丁，1970）。20世纪60年代，艺术委员会的文献中反映了文化开放和卓越艺术的方面，而没有体现文化活动的经济效应（休伊森，1995：119，122，155）。中央政府总体对待文化的态度也是如此（例如1966年的工党宣言）。20世纪80年代，当中央政府和艺术委员会发展到重视文化政策的经济作用时，便启发了对于这些相关政策的研究。在文化的经济作用日益凸显之际，一些评论家（比安基尼和帕金森，1993；比安基尼，1989b；休伊森，1995；比安基尼，2001；贝尔菲奥雷，2002）指出促使经济目标占据文化政策主导地位的三个因素：一是20世纪80年代中央政府对文化活动的实质性拨款减少（休伊森1995）；二是文化业内的管理重组；三是20世纪80年代地方政府的一些政策带来的影响。这三个因素也反映出20世纪80年代发展中的文化政策与变化中的英国相互联系，相互呼应。

2.13　文化政策作为经济政策：英国文化政策与国家发展的关系

20世纪80年代英国经济重组，加上20世纪70年代兴起的传统工业走向衰败，文化部门所获得的经费也因而被削减。在这个背景下，评论家如休伊森（2005）、贝尔菲奥雷（2002）和麦耶斯考（1988）指出，中央政府在20

世纪 80 年代末期接纳并采用文化的经济作用，借此来缓和经济衰退。然而，早在 20 世纪 70 年代，随着英国庄园古堡旅游业的兴起，文化的经济作用就已经开始显现（休伊森，1995：191）。

中央政府用文化取代传统工业的同时，艺术委员会也开始根据文化对经济的作用来调配资金。（贝尔菲奥雷，2002：94）。早在 20 世纪 70 年代末，艺术委员会的资金减少便受到关注。《金钱的价值》、《艰难时期的艺术》（休伊森，1995）等作品都反映出文化部门资金调整的需求越来越受重视。而直到 20 世纪 80 年代，艺术对经济的效应才开始凸显。最早反映文化与经济联系的重要作品有 1985 年艺术委员会出版的《一个伟大英国的成功故事》和 1988 年出版的麦耶斯考的《英国艺术对经济的重要性》（格雷，2002：85）。麦耶斯考的作品对本书尤为重要。它囊括了一系列相关研究，发现英国新兴文化创意产业的重要性。这对英国的艺术政策发展起到了政治上的作用。在文化业内，文化的经济作用也一直发展延续至今。在艺术委员会的报告、委托研究和国家文化机构的叙述中（洛伦特，1996），都有突出体现（例如里弗斯，2002）。

同时，随着艺术委员会在经济潜力叙述的基础上，开始重建融资策略，在 20 世纪 80 年代文化政策管理重组时有着重大变化。20 世纪 80 年代见证了政府各个部门的重组（罗兹，1997），受到了当时新公共管理思潮的影响（利奇和巴奈特，1997；费尔利等，1996），这股思潮由撒切尔政府强加到各政府部门和既有的半官方机构，如艺术委员会等（川岛，2004：34）。引言部分要求政府遵循下列三条：高效、有效和节约，1983 年颁布的《国家审计法案》，可以看成是管理层面上的一个关键改变，在相关条款中，文化部门任何向中央部门的支出都要证明其合理性（荷维森，1995：256）。这个时期中央政府对文化部门的态度，理查德·卢斯有过很好的总结，还有前任艺术部长，在1987年也谴责了仅仅依赖和指望文化部门内部的公共补贴（川岛，2004：30）。

中央政府态度的转变抛弃了艺术资金毋庸置疑的重要性，见证了私营成分开始引入管理中，担心其进入文化部门且进一步加强了语言的变化，并考虑对该部门的主要资金进行支持，这个也可以再次以艺术委员会为例进行说明。20世纪80年代见证了艺术委员会语言从"观众"到"消费者"，从"补贴"到"投资"的转变（奎恩，1998：177），因为文化部门不得不寻求除中央政府以外的资金来源。中央政府支持商业赞助，文化部门的这个资金选择或许可以看成文化部门在20世纪70年代对商业态度的直接转变，同时，也不担忧在本章讨论文化卓越性时提及的商业化（格林和怀尔丁，1970）。文化部门从商业赞助获得替代性资金这个双向过程，可以在当时背景下，帮助中央政府在经济政策中正确利用文化部门。当中央政府削减资金并为商业和文化部门合作伙伴提供补贴时，文化部门本身以一种经济活动的形式参与到文化构建中，既进一步确保了资金，同时也响应了政府管理重组的号召。

2.14　衡量文化

最终点回到从方法角度看社会生活，并为联系本章某些主题提供方法。为了应对现代治理中的某些难题，人们经常参与制定政策和组织，这一做法高度依赖于社会科学的方法，尤其是那些重点关注如何确保经济、方法和智力的社会科学方法。这一领域的大多数争论集中在政府的干预上（连同政府的基金），这些争论可能作为某些努力，使文化政策适应上述描述的公共管理中范围更广的变化（更多细节请见第5章）。

冲击测量，作为基于证据的政策制定方法，现已广受诟病（例如：贝尔菲奥雷，2002；莫尼，2002），塞尔伍德（2002）曾讨论有关统计运用、数据应用和文化领域运用的问题，并归结为批评。按照塞尔伍德的理解，随着公共管理的变化，以及越来越多对文化部门的评估，产生了大量不直接通知政策或符合任何质量或稳健性标准的信息。

目前，在这一领域尚未出现落实各类组织或政府文化政策的一整套方法以及学术成果。关于调查的任一方法或标准化问题，人们尚未达成一致。当前，经济因素对这一问题/研究有着深远影响（伽西尔等，2010）。对于路径与卓越问题，有些方法着眼于个人参与文化的定性叙事（例如司各特，2009；布兰德利等，2009），其他着眼于对文化参与的定量理解（如文化媒体与体育部的"参与"调查项目）或这两种方法的结合使用（例如本尼特，2009）。

这两种方法的结合旨在评估文化机构或文化项目的活动。这种方法最突出的例子之一就来源于博物馆、图书馆及档案馆。英国MLA联盟（2010年与AC合并）为该部门开发了一系列结果指标（霍普-格林霍尔，2004）。这些通用指标从人们参与MLA机构的活动中获得社会（通过社会结果）和学习（通过学习结果）数据。这些方法与舍伍德（2002）统计的文化数据所作出的批评相同。例如，同其他政策领域所用而收集的其他形式的数据相比，在制定政策中不一定会直接过多使用数据，这样缺乏稳健性。因为这些方法是基于文化因素的影响所做的判断，在过去的十年中，这方面也并无多少评估与研究进步。因此，舍伍德（2002）引用了一位国家博物馆董事会成员的话——"目前尚无多少文化影响的实例"。

这一研究领域的另一主要趋势是否定经济性和开放性，直接从观众的角度研究"卓越性"。美国的一项研究突出体现了这种方法。这一研究试图测量人们的注意力，以及他们从参与文化活动、社会或共同经验中收获的意义。这项研究运用了一系列调查方法，以集中了解艺术和文化项目对观众的吸引力、智力启发、情感呼应、作品的精神价值、新颖性以及作品对观众之间的关系的影响（布朗、诺瓦克，2007：9）。巴克什等（2010）在英国国家剧院的创新研究中，已采取了相似的态度。巴克什和施罗斯比（2010）在其最近的研究中运用了这些技巧，试图将态度研究与经济价值相关联。因为随着讨论逐渐脱离研究与影响测评，价值已成为文化政策辩论的重要主题。

然而，布朗和诺瓦克（2007：21）总结了一条重要警告，并向所有有着类似影响的研究发出警告：

> 影响分数反映了一个特定地点或特定时间艺术家与观众之间独特的合作关系，这不应成为评价或比较艺术家及其表演价值的标准。

2.15 结论：管理、现代性和价值

施莱辛格从公共政策的角度讨论了学术研究的合适角色。他引用了鲍曼对现代知识分子地位的讨论。在鲍曼看来，在瞬息变化的现代社会，知识分子会对错综复杂的世界做出解释，但也会出现许多与他们不同的看法。他们将不再能够确定标准或制定议程。施莱辛格以文化政策为例，论说现代悖论使知识分子有机会成为新型立法者，能够在罗德（1997）描述的政策网络中提出专业知识要求。

这一视角使这一章的介绍性主题得到整合，并与本书其他章节相连。本

章思考了现代性的意义，并断言无论用哪个术语描述当今社会，都与18世纪前的世界有所不同。这不是为了给出一个毫无异议、单一的陈述。的确，瓦格纳（2012）把握了当今时代多元的现代化特征，这与制定文化政策息息相关，尤其是在全球的创意产业中。

现代性处在同公共政策的对立面——冲突、含糊、动荡——的中心。它们可能表现为经济体内的公民身份或变化，但也可能表现为分裂与矫正（上至如欧盟的国际组织，下至地区性组织），从管理到治理的转变。在文化政策中，这已经通过长期存在的经济主题来实现卓越，它们是理解现代性的文化政策的意义和目的的重要思想。

本章的理论思考对人们价值的看法影响颇大，这也是本书的主要思想之一。吉布森（2008）在导论中评论道：资金政策就是文化价值政策，转而也是对一个集体文化或个人文化是否正当的价值评价。价值评价对现代性至关重要，因为它贯穿历史——评估既是个人化的一个方面，也是统治性的一个方面。因为人们通过文化实践表达自己的想法，而结构可鼓励或禁止合适的行为、机构和社会实践形式。在米勒（2008）讨论了价值的三重本质后，本章的讨论集中到最初的观点上——个性化与统治性所注重的品质，这一研究借鉴了文化领域，其借鉴程度之大相当于从人的道德、机构、经济活动方面的借鉴程度。下一章的案例讨论将重点研究价值是如何形成、保留，以及如何边缘化、被摧毁的。

从根本上来说，文化政策与文化研究相互交织，正如施莱辛格（2013）指出，它是一次立法实践，也是一个解释性文件。这广泛适用于公共政策的众多领域，尤其是文化政策领域，而创意产业的运用就更加突出了适用性。这一观察不限于创意产业，在本书第4章中也将有更详细的阐述。文化政策中的城市发展，文化消费离不开支撑它们的方法。这些方法有助于政府层面造就公民、工人、空间与组织，能够应对现代性各种难题。正如本书引言所探讨的，这些主题提供了一个契机以证明，作为一个直截了当讨论现代性经验的领域，文化政策如何同主流社会学和主流政治学产生关联。第 3 章将思考文化消费，从而印证这一断言。

第3章
谁的文化？现代生活中的文化参与消费

> 阶级仍是建构英国现代文化习俗的重要因素：阶级最重要。经常参加文化活动无论会产生怎样的优越感，获得这些优越感的都是那些受过高等教育、拥有高雅职位和上流社会背景的人。
>
> ——班尼特

为了拓展现代性的文化政策决策的理论视角，这值得用两种方法来思考个体与文化政策的关系。接下来的章节讨论的是文化消费的问题，通过对人们的审美口味更具有包容性的社会学讨论来进行。这个讨论是以个性化观点为背景，对第4章怎样理解创意经济和创造性劳动而言非常重要。

因为两个原因，消费和创意经济可以视作一对儿，因此本章节和下一章节必须要连起来看。第一个原因是，考虑到现代化和个性化的影响，以及自我的产生与福柯话语的联系，两者都很好地阐明了前面已经讨论过的问题。现代社会通过技术和实践来运转，通过考虑技术和实践的类别，我们可以将自我的产生与更广泛的社会问题联系起来。同时，第5章阐明了城市层面上的管理与政府的分工。文化和工作可以视作对什么是个性以及一些认真对待个性化与技术自我的宽泛议题讨论的说明。

把工作和参与放在一起的另一个原因，是在某种程度上对挑战做出反应。这种挑战是在研究文化和创意产业中出现的。这个挑战是基于我们看待话语更多地考虑到消费和产出的界限的模糊和瓦解。这点可以在一些语言和讨论中看到，诸如"跨界混搭"、"消费者"（瑞泽尔和杰金逊，2010；瑞泽尔等，2012），还有被学者们视为说明了媒介和文化的当代使用和经验的"聚合文化"（詹金斯，2006；哈伊和库尔德里，2011）。实际上，把媒介和文化的作用与经验分割开来，或是把消费和产出分割开来是很困难的，特别是个体对于文化的体验越来越多地依靠社交网络技术来传达，这时候，个人往往同时既是生产者，又是消费者，因此，把以上二者割离开来，是十分困难的。因此，生产和消费之间界限模糊不清，二者相互渗透，不仅对工作和劳动、对文化或创意产业造成了极大的挑战，而且提出了一些重要的问题，这些问题围绕"高端"和"流行"文化的价值，这种文化价值作为一个新的领域被公开讨论。

大卫·莱特（2011）发表在《文化研究杂志》上的文章，解决了围绕对于消费以及消费与工作和劳动的关系的理解的问题。莱特认为，消费和工作之间的联系没有得到足够的重视。这是创意产业论述中的一个特例。创意产业的论述里面，以一种毫无疑问和本能的方式（佛罗里达的著作[2002]），全面地谈论了生活、休闲和工作界限的模糊性。由于缺乏对创意产业中工作和消费的深刻理解，这种模糊界限在接下来的讨论中将会一一阐明。讨论主要集中在现代社会对中产阶级身份的争议性，这些争议一直同工作和劳作的特殊形式的出现密不可分。本章将以思考这种讨论对文化政策和创意经济造成的问题结尾，特别是国家支持的创意经济领域，这是一个预算缩减、角色重组以及国家有诸多局限性的时代。

3.1　政策话语和创造性产出

有关创意产业的政策话语总是声称无论何种形式的文化手工艺品，都将会成为一种新型经济的一部分，取代福特式的制造业的旧模式，这种旧模式，在主流的政治建设中，对英国这样的国家来说，已经不是一个有竞争力的选择了。尽管作为更广层面的政治立场的一个方面，这种描述相对来说容易引起争论（就像经济与社会研究委员会中心对社会文化变迁事业所做的研究那样[恩格尔等，2011]），但它在很多文化政策方面极具影响力，特别是英国的创意产业模式已经走出国门，影响了全球的文化政策。

第5章会详细谈到的城镇化，就是对在新型经济背景下出现的这种理论的强有力的证明。在城市里，例如利物浦，已经在利用欧洲文化之都这样的活动来重建当地经济，创意产业话语就体现在融合了各种文化活动的服务业驱动的城镇经济中。当利物浦的欧洲文化之都活动谈论到就业或是城镇化的时候，它就充满了创意劳动和创意产业的话语，同时，几乎没有证据表明举办欧洲文化之都活动这样的政策介入促进、提高或是发展了城市里的文化产业（坎贝尔，2013）。关于这个城市里的创意实践者、创意劳动者和创意工作者的叙述，似乎说明了政策介入和他们的实践以及日常生活都相去甚远。

在利物浦这个案例中，考虑到特别的政策介入与实践活动以及社会中每天践行的文化活动确实有差别，那么这可以理解为一个政策的问题。然而，证据会融入到政策话语中，这既是一个社会科学问题，也是一个政策问题。坎贝尔（2011）指出，英国政府里的政客，包括一些大人物，吹捧文化政策提高了就业率，特别是增加了文化产业的就业，可是却没有真实的证据表明这些影响已经产生。下面我们可以从另一个例子发现政治项目之间的密切关系，例如文化政策，对经济变化的叙述，这些政策对生活现实的影响以及社会科学证据的重要性。

这一点说明了本书的主题将会如何开展。首先，谁真正在创造文化，谁在消费文化，他们消费哪些文化，消费数量多少听起来会肤浅而简单，这些都是我们在思考文化过程中会产生的问题。消费一定量的文化似乎既与威廉姆斯将文化话语当做一种生活方式的理念冲突，又与阿诺德的非常有影响力的、将文化的层次理解当做对完美的研究相对立。在对文化的社会科学研究中，最为显著的是在法国、美国和英国的社会学领域（布迪厄，1984；彼得森和克恩，1996；班尼特等，2009；陈和德索普，2007），社会学使用了大量方法来理解文化、文化的真实性消费，以及参与到文化实践中的人数，这对于研究文化在当代社会中扮演的角色十分重要，特别是文化怎么会被看做等级、年纪或性别这些社会结构的标志。这个研究，目的在于了解消费。社会身份的形式不仅包括人们劳动或工作的方式，也包括人们消费文化的方式。人们已经做了探索，文化产出是揭示经济产出需要特定形式的社会身份设想的一种方式。上文提到的研究可以与人们所作的探索联系起来看。

创造性工作也许是20世纪和21世纪一种理想的劳动方式。然而，这个概念却陷入到一系列围绕着后福特主义，也许是后工业化时代的西方经济这样的战略性政策困境中。它从政治左派嵌入，它让我们重新看待工作，这种工作超越了与手工生产相关的开发形式，并且与马克思关于共产主义工人的见解相近。但是，这种思想也提供了一种类型的企业家主题，受到政治右派的推崇，被视作官方就业形式的选择之一。因此，创造性工作是个十分引人注目的憧憬，其重要性和在经济中的地位极有可能使人们产生共识。然而，它并不像看上去的那样简单。人们只需回想贝克（2005）对创造性的轻视，他认为创造性不过是个难以置信的、模糊的、难以捉摸的术语，这个术语试图了解问题的所在。

奥克利（2009）参考文化工作的苦与乐，了解了这一点，文化工作中的痛苦大大多于快乐，围绕文化工作的，还有许多的矛盾。这些矛盾包括地理、网络以及人们怎样得到工作并保住工作，还有人们怎样谋生。这些问题已经在主流的政策讨论中出现过，例如，竞选、政策文件（创意与文化技能，2011）以及立法（对于全面的概述，参见侯普和费吉尔[2011]），也有许多学者在大量文献中讨论过这些问题（吉尔和普拉特[2008]和奥克利[2009]都对此有详细的介绍）。实习（佩林，2012）是接触文化产出形式的主要方法，关于这一点的争论关系到创意产业非常广泛地反映了一些问题，即社会长期以来，排斥特定的社会群体和第2章讨论到的国家和解方式的转变。因此，这些争论转移到关注个人，这些人试着从事法律或是医药行业，或者从政，以及社会活动的其他重要领域，特别是电视和新闻行业。

伴随着马克思主义和女性主义的新型劳动形式的变异批评，文化研究对不同职业领域就业的真实性的广泛讨论产生了影响，尽管这是十分积极的，但是，这对政策和广泛讨论解决这些问题的方法还非常有限。主要问题是，它们仅仅作为劳动、工作和生产问题的政策话语。至少在文化政策里，对生产和消费的关系没有充分讨论。在某种程度上，运用了法国、美国和英国的社会学的讨论方法，讨论关于"谁消费，消费什么，消费多少"的文化消费问题。

3.2 创造性和消费的政治经济

施莱辛格（2007），像佩克（2005）一样，指出创造性作为一个"霸权术语"来说，显得"异常平庸"。它的平庸意味着它在更广的政治经济消费中，没有被充分地研究。赫斯蒙德霍（2005）建议应该把生产和消费都当做文化经济政治的一部分，认真对待。学术上的文化研究尝试着把这作为更大项目的一部分，这个项目强调了解消费的重要性，以下这些人的研究特别著名，例如杜盖伊等（1997）对索尼随身听的研究，以及米勒等（2011）最近的研究，还有赫斯蒙德霍和贝克（2011）各自对好莱坞和电视的研究。然而，通过对消费的了解来发现"创造性"在"文化圈"（杜盖伊等，1997）中的合适位置，我们很难不去想工作和生产是什么，这些都是生产、消费和规则的再现、身份和形式，杜盖伊等认为生产、消费和规则是解读现代文化的关键。

思考消费是一个很好的关于创造性讨论的切入点。创造性与一系列学者、咨询师（例如霍金斯，2002；利德比特，2000；兰德瑞，2000）有关经济发展和城市转型的著作、论文、演讲紧密相关，但是，这些讨论过于受到理论占统治地位的"理想型"的个人的遮蔽，这种人被视为创新型工人，是新经济和新社会的中心。创新型工人这一形象在20世纪90年代末凸显出来，并抓住了西方社会，包括美国、加拿大、欧洲和澳大利亚的大部分，索普（2004）称之为"经济想象力"。佛罗里达（2002）思想的精华在学术讨论（例如佩克，2005）中大部分都失去了，但是对我们的探讨却非常重要。佛罗里达的思想几乎是直接反映了第1章里讨论处在现代性中心的那种人。20世纪80年代，横贯欧洲，如意大利（比安基尼，1989b）和英国（麦克罗比，2002）的劳动，政治表现和身份政治的替换形式，关于这三者替换形式的中间偏左的思考有一段漫长的发展历程。其结果是，拥有创新性的个人在政府讨论中显得极其重要，例如新工党关于城镇发展的讨论（例如埃文斯和肖，2004）以及关于创造性的更加广泛的观点，基于创造性已经传播到文化政策中（例如乔韦尔的探讨，2004），这些创新型的个人也受到中间偏右政策的影响，部分是因为企业主义的相关话语与时事评论员哈维（2007）和海（2007）对福柯主义的解读相互吻合，这两个人把福柯主义解读为新自由主义政府。

创造性就像苹果派那样普通，这在政府话语中是非常有用的，创造性已经使文化政策扩展到除艺术之外的其他政策领域，例如经济、社会和健康政策（加纳姆，2005；加洛韦，2008）。与此同时，创造性是每个人都拥有的一种能力或个人品质。创造性是我们随身携带的一种品质，并且可以通过运用正确的治理术将其释放出来，加以利用和发展，把我们从对工作的不切实际的幻想中解放出来，这种幻想不是关于工厂，而是关于自我表现。作为经济组织工厂里的工人，想要工作，就得付出劳动力，并且不需要相对应的保护和赔偿，但是与部分劳动力相比，却取得了不同的身份和荣誉（麦克罗比，2010）。这在西方关于与国家竞争的叙述中特别重要，特别是在亚洲国家，亚洲国家为跨国公司提供看起来很多廉价的劳动力生产产品，来支持被视作开放性的创新（例如赫顿，2008；杰奎斯，2012；弗劳德等，2012）。

随着创新在过去的十年间快速发展，它不仅成为竞争激烈的西方社会的缓冲剂，特别是英国的创意产业模式在全球推广开来，而且也成为解决其他问题的灵丹妙药，例如城镇改造的问题、失业问题，以及西方国家重新配置的社会模式——远离普遍福利国家和充分就业带来的社会压力（具有讽刺意味的是，普遍福利国家和充分就业是以全球其他地区为依托的，现在西方把这些地区视作竞争对手）。例如，一个特别的问题就是，西方劳动力市场没办法将人口整合到制造业，而制造业先前本可以吸纳大量没有文凭的年轻人就业，现在，他们被那些能实现自己创造力的人取代。

因此，由于他们肩负的包袱和创造的浪漫精神，创造性的观念变得有趣而吸引人。这些概念可以融合进政策话语里面，因为西方的决策者（参见海，2006）理解的全球化就是将来没有制造业，没有工厂；全球化需要的仅仅是其他某种形式的经济活动。这针对创意产业、创造性劳动，关键问题是"谁没有创造性"。我们认为那些人本应有的创造性的身份和抱负，谁却不具备？为了实现这些共同的特征和抱负，个人必须把他们自己当做企业家，一个在新的"经济假想"（罗斯科，2011）中同样重要的形象。由于国家一直与我们对经济问题的研究作斗争，企业家的崛起提供了可以替代的经济组织形式，这种经济组织形式不需要国家过度参与到经济中，不需要国家介入，也不需要国家的命令和控制，再次跟上第 2 章所说的从统治到治理的转变（包括跨国企业，共享经济设想，这种设想刻画了哈维[2007]和斯特德曼·琼斯[2012]描述的"新自由主义"的特征）。支持创业者社会的发展，在英国文化中有着较为广阔的社会根源，从一个英国的例子说起，这个例子存在于很多西方国家，在英国的创业产业模式中尤为清晰，无论是在保守党执政的 20 世纪 80 年代，还是接下来新工党执政的 20 世纪 90 年代至 21 世纪。这些根源包括社会变革，例如自从维多利亚时期到文化表达时期以来小规模的资产阶级雇佣形式的扩大，例如奥威尔的文化比喻在现代英国社会中非常有影响力，奥威尔将英国比喻为"一个店主之国"。鼓励企业主义不能仅仅被简化为对新自由主义全球化（哈维，2007；海，2006）的回应。企业家作为一种理想的类型，在过去 40 年里的重要性逐渐上升，有着特定的文化和英国文化因素。

接着进行英国探讨的是混合经济和政府的福利国家模式（海，1996），与此不相关的过渡与企业家文化的崛起，国家不仅不会参与到钢铁生产、铁路、通讯，而且会退后，容许企业繁荣发展。在创造性的讨论中，经济政策的构建被视作一个如此重要的问题，看起来似乎很不寻常，但是恰恰是通过这种方法，决策者可以应对经济困境，从而使我们了解文化政策，政策关系到威廉姆斯（1989）的"生活方式"和班尼特的文化政策生产公民的表现方式。正是这些消费实践，对鲍曼（2000）和鲍德里亚（1998）这样的理论家，理解个人和集体的认同感在现代性的反复中的形成方式，是十分重要的。

3.3 创意阶层的倾向

创造性与佛罗里达（2002）描述的创意阶层拥有的特殊气质和态度密切相关。在佛罗里达的作品中，这个小团体并不是紧密联系在一起的，而是包含了广泛的职业群体，而这些群体不能完全解释为英国的创意产业的职业群体。例如，英国的创意产业模式中有文化、传媒和体育部 13 种类型的人才，包括科学家、工程师，以及可能大部分被视为服务业的职业，诸如法律、健康和金融服务。就像前部分已经说明的那样，佛罗里达的理念被学术界批判得一无是处，但是我们可以对这些理念进行充分挖掘，来了解消费实践中的一个重要发展，这可以与创意产业中的产出、工作和劳动联系起来。

马克·班克斯（2009）概述了文化消费的一种形式，即对创意型工人来说一种"有帮助的空闲时间"，这较之佛罗里达的理想型创意阶层略胜一筹，这种空闲违背了法国社会学家皮埃尔·布迪厄（其作品在后来的讨论中变得非常重要）所指的有创意的人们的"倾向"或是生活方式、态度和价值观。这种倾向可以在那些佛罗里达（奥利维耶[2008] 讨论过）的创意阶层捕捉到的劳动力身上得到体现，并且证实了他们的消费习惯。这些倾向反映了三种特性。

首先，创意阶层是开放和多元化的。他们本身就是一个多样性的群体并且他们对多样化持开放的态度。塑造了西方社会的社会分化类型对创意阶层（尽管奥克利[2009]的文学观，表明有关性别歧视和种族歧视的相关问题在创作中是怎样留存下来的）来说，是个诅咒，特别是在前创意工业时代，现代化的反思或是前液态化时代围绕对种族划分和性别的态度。在第 4 章中将会进一步讨论的一个重要的政治方面是第一种倾向的根源，它似乎反对在工党政治中的固有的分化，例如在 20 世纪 70 年代（哈特曼，1979）对马克思主义和女权主义的讨论或是白色的极限，在面对卡斯泰尔（2004）塑造的"新社会运动"时，男性工联主义是一股政治力量。"新社会运动"与创意产业在 20 世纪 80 年代作为欧洲的新城镇项目的出现是密不可分的（特别是在英国）。

其次，创意阶层作为一个团体，全都是精致的利己主义者，这与第2章讨论的个性化理论有相似之处。如果一个人变得具有批判性，那么就有可能描绘出围绕创意阶层的一个目光短浅的社会结构，但同样地，通过描述他们摆脱社会阶级和与性别社会地位相关的更广层面上的社会结构的束缚，也有可能庆贺这个团体。个人主义证实了第三个特性，即对他们身份的严格的精英管理的理解。创意阶层中的人们，就像佛罗里达描述的，因为他们的才能、辛勤工作，已经成为社会精英，这有重要意义。正是他们自己、他们的才能、他们的辛勤工作使他们成为创意阶层的一部分。

佛罗里达一书中的探讨，即开始证实可能的创造性个体的话语在英国经济中已经扎根，同在文化消费方面个体如何起作用的探讨惊人地相似。特别是，它与原书第60页讨论的杂食动物理论紧密联系在一起。连同杂食动物理论，此时此刻，可饶有兴趣地注意到佛罗里达的作品，充分弥补了贝克、吉登斯和鲍曼这些作家提出的个性化理论的不足之处。个人越来越有能力挣脱特定的社会束缚这一思想与佛罗里达的意见不谋而合，佛罗里达尝试描述的容忍和开放正是中产阶级的特性。第4章显示，通过坚持精英管理和个人主义的劳动以及相关的员工奖励，中产阶级已经在创意产业中占据着优势地位。

3.4 个性化和消费

个性化在文化消费中主要反映为，以前的阶级、性别、种族、性别歧视的产生活动、表现方式的强化结构应该已经瓦解。鲍曼（2000）和鲍德里亚

（1998）的著作非常有趣，他们了解到人们通过消费主义表达自我，与此同时，他们又极具排外性和拥护社会分工。这是"正确"和"典型"消费者持有的态度，我们可以在佛罗里达的探讨中发现这样的态度，佛罗里达将自我表达视作创意项目（这也可以在吉登斯（1991）的探讨中看到）。文化艺术品并不能自动划分阶层，但是却引进另外的欣赏层次，对各种文化形式的开放证实了这一点。正统文化或高级文化形式和流行文化之间的经典分类，被创意消费者分解成赫布迪奇（1979）称作的大杂烩，其文化的符号、象征、实体和工艺品全都混杂在一起。这种大杂烩实际上表明它本身就是消费主义的观念，这些人上午阅读批量生产的浪漫平装书，下午观看动画片《辛普森一家》，晚上欣赏歌剧。

那种开放的倾向在某种程度上排斥文化层级，而大杂烩又把工作空间和生活空间混杂在一起，因而它是受空间条件限制的。这种空间的混合的一个例子就是：办公室变成了咖啡厅，咖啡厅变成了办公室（罗斯，2009）。理想模式下的工作地点特别应该是和高科技的创意工作联系在一起。创意精神设想的公司在办公地点上没有等级之分，办公地点再也不是办公室，而是更多的带房间的开放式空间，房间的小仓库带木地板，仓库里装满了懒人椅、滑板、桌上足球、微软游戏机和自动售货机，售货机出售很难找到的美国糖果。涉及这个经济体的交易都涉及创意或文化生产，反过来，交易又依赖于文化界限的模糊性和等级的崩塌。例如，广告利用一系列的流行和高端文化形式，特别是原先为精英阶层所独有的音乐形式，如今混合放到卡通人物身上。最终，态度、实践和空间具有包容性、开放性、多样化、精英化和个性化，认为分级本身的观点是不合理的，把特定的文化活动形式和特定的文化团体或特定的社会阶层联系在一起是非常势利的，没有反映出创造性精神。

3.5 倾向性和特质

　　以上讨论尝试将个性化和颇受争议的佛罗里达的创意阶级的气质联系在一起。文化社会学的研究为质询以上叙述提供了一个实证基础，同时也展示了文化消费的结构会对文化政策和创造性的表面承诺提出疑问。创意精神假定人们迥然不同，通过文化消费来表明自己的身份，但是他们并没有被文化消费分割开来。然而，透过文化社会学的观点来看，这是一个很严重的问题。文化社会学批判了个人消费行为不受约束和随心所欲挑选的观点。对这种该观点的主要批评也确定下来，批评主要来源于文化社会学的传统，它利用了皮埃尔·布迪厄的著作，特别是他的著作《特性：对品味判断的社会批判》（1984）。这部作品是关于社会阶级和品味判断的。它尝试着解释对美或崇高品味判断是怎样不公正，就像哲学家伊曼努尔·康德所说，但是却与人们的地位紧密相连。布迪厄认为文化消费与社会等级有很强的对应性。对布迪厄来说，文化消费不仅与社会等级相关，而且也是社会等级的直接反映。布迪厄以近似格言的句子对此作了有名的总结：鉴赏类别各异，分类者类别不同（布迪厄，1984：6）。

　　布迪厄在这里想要获取的是我们的趣味、喜好和消费在社会等级、其他人及社会团体中的定位方式。明白了文化消费、缺乏文化消费，或拒绝文化消费同社会等级的相联后，我们就能定位自己。作为了解我们自己、他人、我们的社会团体以及其他社会团体彼此之间和同社会之间相互关联的一部分，这可能听起来像一个中和的活动。然而，布迪厄渴望强调趣味鉴赏与权力关系密切相关，并且是社会地位的"标志"。鉴赏力不仅给我们提供有关身份和喜好的信息，而且还用于表明和最终复制社会结构。在当代西方社会，他们所复制的社会结构同不平等的财富、地位、性别、种族，以及一系列与个人、社会群体身份相关的社会层面密切相关。因此，消费不是关系到高雅和通俗界限瓦解的一种修补品。在布迪厄的著作中，消费在反映、复制和维持社会界限时是复杂的。

开放的精英管理个体化思潮认为对美学的趣味与鉴赏体现了个人的兴趣与爱好，可能是因为他们在特定学科、体裁及艺术形式方面有专门技能，这种技能是通过精英式的管理培养出来的。布迪厄认为趣味与文化的鉴赏力都与社会地位相关，而且体现了由他定义的"人的不同的文化资本"。那些上流社会人士，尤其是中产阶级职业群体，能够设定讨论的话题，能够界定什么是高雅的文化形式，什么是低俗的文化形式；什么是高端的文化消费，什么是低端的文化消费；什么是雅的趣味，什么是俗的趣味，因为他们持有不同形式的特权。这种界定事物是否受社会认同的能力，归因于他们拥有多种形式的技能，这些不同的技能表现了他们自己的阶级地位，而且使他们游走于上流社会。

因此，为了进入上流社会，仅仅富有（拥有经济资本）或是同上流社会建立了良好的关系并了解他们（拥有社会资本）是不够的，重要的是要了解同上流社会相对应的文化活动，比如了解上等好酒、不同类型的经典音乐或戏剧相关知识，这些都是传统意义上社会精英团体了解的事情。掌握这些，你们就可以对别人说："瞧！我们和你一样也是上层阶级的一员，我们同那些看电视、听流行音乐的下层阶级不同，我们不会干穿着牛仔裤踢足球这样的事。"

布迪厄对社会阶级与文化消费二者关系的坚持，是以20世纪60年代法国的一项研究为依据的，他的主张遭到了不同观点的质疑，尤其有一种观点认为：无论是从社会结构的角度来看，还是从文化的角度来看，当时研究的法国社会与现在的法国社会以及其他国家都有很大的不同。其中一项重要的挑战是最初源于美国的社会学，以研究的形式探讨了文化杂食主义者的存在，它与个体化观点和创新阶层社会思潮有相似性。

3.6 什么是文化杂食主义者？

美国的社会学家，尤其是彼得森（1992，2005）探讨了布迪厄的作品对美国社会的实用性，美国社会传统上是这样描述自己的：和"旧世界"或欧洲国家相比，它的等级性不强，更有流动性。布迪厄对社会精英群体的"势利"以及其他群体，尤其是法国的中产阶级群体制造的类似于区隔的形式和界限的反思并没有体现在美国社会。特别要注意的是，无论是从富有精英群体还是职业精英群体的文化消费来看，社会阶级似乎并没有决定文化消费，例如公司的经理，而不是车间工人，可能会与在法国看似不是上流品味的特定表现相对应，例如，他们可能去打棒球或看电视。这些活动蓝领工人似乎都会去做，因此，在美国背景下，布迪厄发现的分层或人们通过区别自己的品味而寻求的区隔好像都不适用。

关于彼得森（1992，2005）的作品，理解文化消费，即一项对现代身份和讨论创新人士及其工作至关重要的活动，其关键在于它关注的不同于布迪厄在法国叙述的围绕趣味划分阶级类型的焦点。在美国社会中，分层发生在这两个群体之间：接受一切事物，广泛消费从而取得社会地位、文化资本的社会群体，和那些相比之下没有太多文化消费的社会群体。消费者的阶级地位仍然重要，例如，消费一切事物或乐于消费一切事物的杂食文化主义者，区别于没有过多消费或没有兼容性的单一文化消费者。这是中产阶级、上层阶级（杂食文化主义者）和工人阶级（单一文化主义者）之间的区分。直到20世纪90年代，正值社会学中个体化观念蓬勃发展和创新工人增多的时期，建立在社会等级之上的杂食文化主义者和单一文化主义者之间的分隔衰落了。彼得森认为杂食性在美国已变成常规，这可能与萨维奇（2000）对英国社会中个人常态感觉的论述有相似性。杂食性在美国已成为常态，尤其是它取代了单一性并成为蓝领或工人阶级社会群体文化消费的普通形式，这一部分是由于美国人口的变化，老龄化的人口在20世纪五六十年代经历了流行文化的产生和蓬勃发展。然而，由于彼得森发现的各种文化消费模式与之前很有解释力的消费类别日益格格不入，因此，有关他对杂食性主导所有社会群体的叙述，还有一个方法论层面的问题。布迪厄认为中产阶级的态度很重要。法国社会的中产阶级是被明显区隔开来的，他们通过消费具体的商品，试图进入上流社会，在中产阶级内部寻求区隔。在美国个体化时代，中产阶级思想和佛罗里达创新阶层思潮相似。他们能够接受不同文化形式拼接出来的事物，伴随着流行文化成长并因此接受它。流行文化曾是20世纪六七十年代法国下层社会地位的象征，布迪厄对那个时期的法国社会做过研究。

　　然而，佛罗里达创新阶层对文化消费持有的态度所暗含的开放、反分层的意识，并不意味着他们不再有任何区分或区隔的观念。甚至对彼得森口中的"文化杂食主义者"而言，区隔仍然存在，因为现在的问题围绕一个人是否消费很多东西并了解很多事情，相比之下，有些个人或社会群体并没有涉及广泛的文化消费，而且他们缺乏文化追求的能力。布迪厄的区分并不是展示对好酒的鉴赏力或是了解提香在艺术历史中的地位，而是体现在不同文化技能中转换的能力以及对流行音乐、电视、体育的欣赏力上。

3.7 对杂食主义论点的辩论和批判

到目前为止，这个章节已经讨论了法国人和美国人理解文化消费的方法，并试图将这些领域的研究同个体化论点和各种看法联系在一起，据称，这些看法都与佛罗里达备受争议的"创新阶层"有关。这时，很值得思考一下来自英国的文化消费研究。这将进一步推进文化杂食人物同政府在文化给予中干预的关系，展示杂食性的局限性和它与政府干预文化提供的关系。

在英国，文化消费与文化参与已引起重要而广泛的讨论，它是讨论大多数文化政策的根源。通过政府控制下的艺术委员会来分配文化基金的方式，引发了这样的问题：支持何种艺术以及支持到何种程度。关于艺术基金，还有一个地理因素，同时更大的问题是从阶级、性别或种族等社会类型作参考来理解，到底谁在管理基金。在英国，基金的分配不均匀，它偏向像伦敦这样的大城市或偏向布迪厄所说的同精英文化资本相关的传统艺术形式，例如戏剧。目前，可以理解某些艺术形式的成本的资金投入重点（鲍莫尔和鲍恩[1966]认为，管弦乐器只会随着时间的流逝而涨价，要使它们效率更高的同时减少交响乐表演需要的音乐家，是不可能的事情！）和长期存在的原因，原因在于英国政治经济不均衡布局和以伦敦为中心的集权状态。杂食主义者或是创造阶层所持有的态度都显示出消费在个体化时代已发生变化，与此同时，对基金也有影响，例如，更多的体力工人可能对戏剧感兴趣，更多的专业人士和经理人可能对摄影感兴趣，而不是对油画或人物肖像感兴趣。事实是这样吗？自20世纪90年代末以来，英国就有一些杰出的研究，反映出了社会学中更深刻、更专业的辩论。一部分辩论是关于社会地位和社会阶级区别的一个专业问题，它本身就把那些试图把布迪厄的观点运用到英国的人和受社会学家马克斯·韦伯作品影响的人区分开来，辩论很复杂，而陈泰文和戈德索（2007）之间的辩论很好地做了总结，他们质疑阶级的角色，因为阶级被理解为一个职业群体而且在班尼特等人（2009）的书中，他们试图用阶级，而非更宽泛的韦氏概念——社会地位。

　　尽管有争论，但双方学者都强烈怀疑这种个体化观念和社会结构对趣味与消费的重要性下降的影响。在陈泰文和戈德索的作品中表现为：对彼得森单一文化消费和杂食消费的区分进行了部分辩护。在班尼特等人的作品中，单一性和杂食性的区分被重塑为文化消费的四大区分之一，这种重塑牺牲了个体化观点和杂食性。

　　班尼特等人论述的依据是一个 21 世纪早期有关文化资本和社会排斥研究项目数据的讨论。这是一个运用了调查和定性访谈的重大研究。他们发现了在现代英国社会中，文化消费分类所围绕的四个轴心或称为四个区分。最重要的一个区分是参与某种特定文化消费形式的人们和脱离这种文化消费形式的人们。这似乎反映了杂食性的人物，但是他们质疑这种人物，尤其是从研究亚文化或社会群体的角度，例如，社会群体以其文化能力既排斥又包容像音乐或喜剧这样的亚文化（萨维奇和伽约－卡尔，2009；弗里德曼，2012）。

　　对班尼特等人来说，参与或不参与特定形式的文化消费同社会阶级有很强的联系。他们书中的内容明确描述了这种联系，的确值得引用：

　　　　阶级仍是建构英国现代文化习俗的重要因素：阶级最重要。经常参加文化活动无论会产生怎样的优越感，获得这些优越感的都是那些受过高等教育、拥有高雅职位和上流社会背景的人。上流社会人士经常出入剧院、博物馆、艺术画廊、雄伟的建筑，去观赏戏剧、看电影、欣赏音乐剧和摇滚音乐会，同时他们也珍藏画作、阅读书籍，下层阶级似乎跟这些不沾边（班尼特等，2009：52）。

那些上层社会阶级群体常常参与很多事情或做很多不同的事情，他们有着广泛的兴趣，那些下层阶级群体很少参与这些活动。然而，通过了解什么是人们参加的，什么是人们不参加的，对了解上层阶级和下层阶级之间的细微差别很重要。人们参与什么或不参与什么是文化政策中的第一个轴心问题，本章结尾讨论的文化价值，其中一部分就是关于文化政策的。

第二个轴心是围绕我们对既定文化消费形式和越来越多新兴的或现代的商业消费形式、商业产品和商业活动的看法。这里重要的是趣味和各种形式的能力或技能。这个轴心常常与年龄联系在一起，例如，英国的老人会选择既定文化消费形式，如听主流的经典音乐或看知名艺术家的优秀戏剧或展览，年轻人更为开放，对亚文化和商业文化更感兴趣。

第三个轴心是围绕与性别相联的内向型性格和外向型性格。两者倾向的区分在于内向型文化形式，还是外向型文化形式。前一个术语包含了阅读爱情小说或自助书等活动，后者包括看体育比赛等活动。班尼特等人认为女人和内向型实践以及男人和外向型实践似乎都有很强的关联，这是围绕性别文化消费实践的一个有趣发现，通常不受持有佛氏道德规范的创意阶层和拥有开放态度的精英管理式人才的重视。

最后一个轴心是围绕中强度参与活动或如饥似渴地参与活动。有些人经常高强度地深入地做许许多多事情，另一些人可能做很多事情但不经常做，可能一年做一次或几个月做一次。这个轴心似乎同具体的社会人口学特征无关。转化成一个具体的文化形式，如音乐，来了解区分构建个体文化领域的方式是很有价值的。对布迪厄来说，音乐是一个特别有用的例子，因为经典音乐是上层阶级寻求区别于他人的重要方式。对经典音乐的鉴赏力被看做是受过良好教育或是社会精英团体一分子的重要象征。正如我们接下来看到的，这种现象在现代英国社会变得更加复杂，而公共政策也面临复杂问题。

3.8 音乐消费

杂食观念的题外之意是什么呢？表达对不同类型事物的喜欢是不是体现了创意阶层的态度呢？或听多种音乐，如戏剧、爵士乐和金属乐而不是坚持听那些在过去象征上流社会阶级的具体音乐形式，才能体现创意阶层的态度呢？前一部分已显示，英国研究表明文化偏向要比个体化观念和随之而来的创新思潮所显示的复杂得多。

萨维奇和伽约-卡尔（2009）表示，严格区分可能不会像杂食主义或个体化观念显示的那样会普遍瓦解。经典音乐和流行音乐之间仍有重要区别。然而，关键是经典音乐的类型本身改变了。因此，经典音乐现在变得大众化、普及化，而不再仅仅是精英们的身份证明和需要一定的文化教育才能展示的能力。现在的区分是在电台或电视广告中播放的经典轻音乐和更为前卫的现代经典音乐之间，前卫的现代经典音乐仍是一个专门的类型，只有少数受众。这种区分意味着经典音乐不再是以过去的方式同阶级地位紧紧相连，但具备经典音乐的专业知识是阶级地位的象征。上流社会阶级的成员身分不是以消费来认定的，而是要具备鉴赏经典音乐的能力，区分不同音乐的能力，例如，懂得区分维瓦尔第在广告中受欢迎的《四季》和施托克豪森、阿迪斯或莱奇的作品。

萨维奇和伽约-卡尔探讨这种区分音乐的能力，讨论人们知道的东西，比如，研究发现，大部分人都不知道菲利普·格拉斯的《海滩上的爱因斯坦》。大卫·赖特所说的文化丰富性让评论等级瓦解这件事变得容易，文化丰富性的存在现在是通过一系列的媒体设备，过去是通过 CD 或盒式磁带等技术实现的。文化多样性看起来好像是艺术风格的阶级基础发生了改变，但事实上是艺术风格本身的本质正在发生变化。以经典音乐为例，在社会阶级中，它现在的位置是同音乐的分类相关，它分为经典轻音乐和经典前卫音乐。

其他领域也出现了风格的转变，例如爵士乐，传统意义上，爵士乐被看做是流行文化（在英国由于缺乏政府基金而成为流行文化），萨维奇和伽约-卡尔用它来探讨文化能力和技能类型。他们借用迈尔斯·戴维斯的《泛蓝调调》，美国爵士乐中一张权威的唱片，它被看做是美国文化的杰作，不仅是美国流行文化的杰作，而且在布氏观念中也是合法文化。自 20 世纪 50 年代发行以来，它就是有流行元素的爵士乐唱片之一。现在，它是优秀的文化经典，被用来区分那些广泛参与以及消费的人和那些不参与、不具备多种音乐风格专业知识的人。

3.9　消费和文化价值

是否拥有一系列文化能力的区分致使萨维奇和伽约-卡尔（2009：3）将杂食人物看成主导现在中产阶级的一种新体现，他们通过自己的能力吸收一些与之前相对的文化品味成分，但关于具体的文化形式的区隔仍然存在（沃德等，2008）。这是因为尽管形容反社会阶级开放性的华丽辞藻很多，但杂食性仍要求一系列艺术和文化实践知识兼具主流性和只能为少数人所拥有的特点。

通过中产阶级文化能力的作用和如饥似渴地参与活动的人同不参与活动的社会群体之间的区隔，阶级重置向美学和文化价值发出重要挑战。布迪厄（1984）认为康德有关高雅趣味和美的鉴赏的概念实际上是阶级区隔的一种形式，同时也是象征暴力的一种形式，通过一个阶级反对另一个阶级。虽然消费模式的改变反映了处于统治地位的中产阶级的消费风格的改变，但它也意味着支撑布迪厄观点的分层制度需要被重新考虑。当然，象征暴力仍然存在（正如斯凯格斯[1997]和琼斯[2012]）在各自讨论性别与阶级阶层时所概括的），但如果不是切实的改变，那些能鉴定文化合法性的人仍有机会。

在布迪厄（1984）的作品中，矛盾与斗争都是围绕着象征社会精英群体的文化形式展开的，它不同于法国社会的其他文化。赖特（2011）的观点：文化丰富性、融合文化（瑞泽尔等，2012；詹金斯，2006）中的消费者；英国部分中产阶级文化消费的转变等都挑战着看门人和调解人，布迪厄认为他们是其他人合法文化或精英文化的翻译者。博客、社会媒体使用者、个体评论家或卧室录音艺术家的实践从某种程度上可以赞扬成文化的激进民主化或是与社会阶级相关的分层制度的终结。创新阶层的思潮和精英管理的多样化个性思潮确实同那种激进民主化有密切联系。它同萨维奇（2000）概括的"平常"的感觉和迈尔斯等（2011）形容的"谦虚"有密切关系，班尼特等（2009）、萨维奇和伽约-卡尔（2009）认为与中产阶级关联的"谦虚"对理解杂食性和个体化观点的局限性很重要。

在这一点上，迈尔斯和沙利文（2012）认为消费过去布氏认为的合法文化确实仍然是少数人的追求，而且以班尼特等人（2009）、萨维奇和伽约-卡尔（2009）的分析，上层阶级和中产阶级群体已经接受了流行文化，而不是消费一切事物。甚至在社会精英中，广泛或贪婪消费传统意义上的"高雅"文化仍然是少数人的追求。这类似于彼得森（1992）对杂食主义者的论述，美国人的经历不是精英式的消费特定合法文化。相反，精英活动本身是少数人的追求，在迈尔斯和沙利文（2012）的作品中，不参加某些文化形式是正常的，因此，比如不去听歌剧再正常不过；对格拉斯的《海滩上的爱因斯坦》不感兴趣或不理解很正常。这是很普通也很正常的形式，但这种常态感忽略的是政府干预文化供应的政策含义。

对班尼特等（2009）的课题和沙利文（2012）的作品来说，这项定性作品显示出官方文化措施确实遗漏了很多文化参与方式，这些官方的文化措施是过去做文化参与调查的重要素材，聚集了论述杂食性依据的资料。生活方式中有很多实践也可以被看做是高度参与文化。引用迈尔斯和沙利文（2013：318）采访的例子很有必要，其中之一是位年轻的单身妈妈，描述了她每天体验文化的方式，但从形式上看，这些文化形式既不是布迪厄所描述的法国精英的合法文化实践，也不是创新阶层或与其相关的消费者的民主化实践。

> 所以，（周一到周三下班后，）我回家时先随便逛逛商店，然后去幼儿园接女儿，之后去公园，然后带她回家，看电视，给她做饭，铺好床，再看电视。周四，我领工资，爱死这一天了，去特易店购买食品，然后去市中心，想我这周该怎样度过呢？我通常会去逛每家衣服店铺，逛到最后一家，然后从最后一家出发再回看一遍，以我自己的方式，然后再走到尽头，思考我会买哪一件。买过之后，我会去某个地方喝一杯咖啡，然后去幼儿园接女儿，再回到特易店购买些食品回家。周六去干什么，取决于女儿想干什么，逛公园或游泳，做任何她想做的事情，去任何她想去的地方，嗯……周六会一直玩儿到晚上才回家。周日通常会很放松，带女儿去公园荡秋千，滑滑梯，也可能去探望我妈妈。

这个个人的叙述对政策有重要作用。迈尔斯和沙利文捕捉到了文化政策面临的两难，它试图了解超出公共机构设置的参与方式，但不制造物品或艺术品，事实上，也是实践。这种遗漏的或隐藏的参与，表明在英国和许多其他国家，大多数的文化消费都是经常以被遗漏或被误解的方式进行着，这种遗漏是由于这些相似的工具和手法允许学者来探究消费本身，它们落后于杂食人物的实践。

3.10 结语：身份、阶级和消费

品味反射记录的增加，以及伴随着"创造性阶级"概念的增加，代表了各观点的一种巧妙整合，这些正是受过高等教育和一些享有特权的人想拥有的关于自身的观点。杂食性变成了一种当代实体的经验解释，这种实体同学术思维产生了共鸣。（普里厄等，引自赖特，2011：159）

前一章节的结尾评论让我们回到了以方法为主题的社会生活，这一主题贯穿本书。该章节的总体讨论表明了从身份问题进行思考的重要性，在某种意义上也提出了这样的疑问：杂食者的社会生活是什么？个人主义的社会生活是什么？创造性阶级的社会生活又是什么？

具有创造性阶级精神的生活是将讨论回归到佛罗里达关于中产阶级身份的故事，也是一个切实关于特定形式的中产阶级身份成功的故事。这一身份同作家、顾问及专业学者的视野相吻合，他们很自在地对待容忍和开放的思想，他们也能看到伴随着个人和精英的成功事例，等级制度也将瓦解。英国文化社会代表地位/阶级的两个侧面，即韦伯/布迪厄两方的辩论，证明了教育水平的重要性（陈和德索普，2007）。同时，受教育程度较高的人参与文

化消费更多，反之则较少，它表明在了解文化参与时，教育水平很重要。

由于较高的文化参与度常同较高的教育水平相联系，因而存在这样一种危险，即杂食性变成了一种经验范畴，本质上是受过教育和享有特权的人通过研究来表达对自身看法的一种反映。尽管杂食性的经验范畴仍处于争论之中，它通过将注意力从文化生活中的体制及结构不平等转移的方式推动了分析过程，因此这是一个十分重要的方法论观点（萨维奇和伽约·卡尔，2009：3）。有一种观点认为人们连续参与的文化活动并非为国家文化政策所提供。同这一观点一起，关于迈尔斯和苏利文所谈及的文化参与性质层面的细致性理解均不存在于一些调查中，如英国政府的文化"参与"调查（DCMS，2012）。杂食性的加强以及伴随关于等级制度崩塌的观点，可能因此同人们每日的生活痕迹和日常现实不相关联。陈和德索普发现甚至是在更高地位的社会群体内消费水平也有差异，这证实了文化交流的不均与"贪婪"分布。因而这一更深层次的观点是陈和德索普（2007）、班尼特（2009）以及萨维奇和伽约·卡尔所共同发现的。

关于政府的文化政策，我们可以看到在无文化交流便是一种失败的消费中，杂食性身份、创造性精神和个人主义理论得到了证实。这种缺失感，无论是公认的应该由更多地帮助受排挤的受众的机构和组织造成，还是由特别社会组群内的个人造成的，都是国家需要纠正的一项失误。1997至2010年，在新工党管理文化政策期间，这种文化消费的"缺失"（迈尔斯和苏利文，2012；陈和德索普，2007）模式对于文化政策十分重要，它同新工党反对社会排斥更广泛的计划有直接联系，同时也试着发掘贫穷、失业之外的负面影响（莱维塔斯，2005）。

这种方法的一部分是以文化体验的消费的改造力为基础，这种文化体验的根源可追溯到英国维多利亚时期。新工党的大力坚持也起到了推动作用。

新工党坚持认为在这种情况下，依靠参与调查得来的社会科学证据可促成更好的政策结果（桑德森，2004）。在文化参与者与缺席者之间的区域内，社会阶级和教育水平在了解文化交流方面的重要性，表明人们关注文化交流者如何形成某种形式的缺失。这种缺失需要国家文化政策来弥补、反驳或填补。然而，这些区间和分水岭是真实的，而缺失却没有任何存在的证据。因此，迈尔斯和苏利文（2012：19）认为，将正统文化内的参与缺失模式视为应受孤立和排挤的少数，是错误的。但是这对于第2章中所描述的文化政策的各种类型的"社会"用途却尤为重要。在此，我们可看到社会科学证据在两党的政治计划（贝维尔，2010）和更广范围的国家文化政策方面，其根本性假设存在的局限性。在这一情况下，国家文化政策是增加英国文化交流的推动力。

陈和德索普（2007：382）带着挑衅的意味问道：

> 如果个人没有过多地参与艺术，即使他们拥有所需的经济和文化资源——如果他们实际上是自我排斥而非社会排斥——这还应该是一个为社会大众所关心的问题吗？

社会精英群体的自我排斥未被看做一个需要修正的问题，但是它被赋予更广的意义，即无文化交流是一个需要公共政策介入的问题。从根本上来看，这表明一种文化价值的评判，即无论文化缺席者的社会地位如何，某些文化活动形式要较其他形式更合适。因此，尽管布迪厄所理解的合理和不合理的文化形式在英国较20世纪60年代的法国大相径庭，但它至今仍然存在，且具影响力（斯克罗兹，2004）。

如果普遍没有（文化）消费，不论是作为普通物品的一种表达（萨维奇2000），还是在更高身份的社会群体内，在创造性思潮中这该如何理解？的确，创造性能拥有本章前几部分提及的社会经济改造潜力吗？第4章将转向创造性行业内的工作和劳动力。在该章节中，本书的各主题——现代管理问题，了解社会生活方法的重要性，文化政策中有价值与否的批判性评估——将通过当前提及的消费、身份和伦理来进行解释说明，以此来巩固创造性工人的理念，这一理念要求不仅要了解创造性精神、创造性管理，同时也要理解其治理性。

第4章
不再为了生计而工作：创意经济下的生活

> 文化领域所提供的工作不仅优质，而且充满意义，这是政策制定者所宣扬的，虽然实际情况并非如此。但事实上这样的工作是真实存在的，或许更为可信的说法则是，在电视节目、音乐杂志、新闻报道中找这样的工作可比在其他行业中好找多了。
>
> ——赫斯蒙德霍

4.1　引言

第3章中我们从消费、身份以及道德规范的关系之间，讨论了对创造性和创造性工作者的认识。这显然引出了一个问题：创意经济的现实生活究竟是什么？创意行业不仅涉及在第1章和第3章中所描述的经济转型，而且涉及更广泛的政治目标——结合文化政策的需求，努力克服关于现代性的歧义。如此问题便显得至关重要了。的确，从根本上来讲，讨论创意经济生活，也就是讨论现代性的歧义和矛盾。

要想更清楚地看到创意经济生活，就有必要把它们置于一个更广阔的政治环境中，考虑创意行业中的工作和劳动力。这个话题是紧接着第2章有关现代性经济组织的概要讨论的。该章节着眼于创造性劳动力的发展状况，它在之前被称作"西欧"的单民族独立国家中属于当地文化政策的一部分（比安基尼和帕金森，1993）。20世纪80年代，在地方特殊的市政环境影响下，创造性工作对左翼党来说至关重要。与此同时，英国右翼政府则试图采取中央集权政策，来回应他们对限制工业化的理解（阿特金森和威克尔斯-希格，2000）。第2章是对文化政策的总体叙述，第5章讲述的是文化对城市发展的作用，本章节便以上述史实作为连接二者的桥梁。

第1章讲述了现代审美家和艺术家的特殊身份，塑造了现实的创造性工作。抛开其所覆盖的关于界定创造性产业的问题，创造性劳动力的政策还是容易理解的。本章节将结合选择提供创造性工作的政策以及在第1章中所蕴含的浪漫主义，来详述创造性工作和劳动力。现实的创造性工作可以从特权和不平等夹看，结构性的不平等如何在工作中结束，如第3章所描述的多数中产阶级所采取的文化消费形式——工作之外的娱乐，并特别提到了性别和阶级的不平等（虽然一些不在种族和性别特权范围之内的人，也为重要人士）。

最后将在第5章分析城市文化政策、政治活动及再生文化的价值。通过分析本书的这些核心主题，来讨论地理、空间组织及工作和技术的分配问题。正如本章节和后续章节指出，城市再生是极其重要的，它与代替其他劳动力形式的创造性工作交织，特别是在欧洲国家的社会经济环境中。

4.2　创意工作与地方文化政策

在20世纪80年代的西欧，无论是从表面还是深层，都能看出创意工作与地方政策关系重大。理解它们之间的关系，有助于我们理解文化部门工作的理想转型，并连接上下文来讨论第5章中的文化政策与城市转型。

20世纪70年代末，许多文化政策坚持要将高雅文化与大众文化分隔开来，这面临来自各方面的巨大挑战。艺术世界和文学批评都相应转变，挑战存在于各种制度实践中。比如新博物馆学，会引发出一些重大问题：何种形式的文化才是国家代表和支持的。第2章概述了政治活动形式的问题以及现代性批评。20世纪70年代至80年代，市政府尤其是左翼党派通过规划设计反映公民生活经历的文化（贝尔菲奥雷，2002），来拓宽"高雅文化"的狭义概念，使更多人能够品读到文化食粮。

比安基尼和帕金森在论述城市再生文化的文章中总结出这一现象，并成为20世纪80年代大伦敦市议会反对种族歧视和维护同性恋合法权利的有效例证（莫尔根和沃波尔，1986：74；休伊森，1995：238）。融合社会政策和文化制度的外展计划，如泰恩博物馆的外展工作，减轻了20世纪80年代的大萧条（纽曼，麦克林，2004）。

文化职能的转变及文化部门之间的争论对都市文化政策有深远的影响。20世纪80年代至90年代，都市文化政策的转变印证了阿特金森和威尔克斯·希格在地方政府研究中"自主创新"的论点。如美国和英国，面对从民主制转为管理角色的压力，地方政府多次做回应，要坚持维护地方政权和势力（阿特金森和威尔克斯·希格，2000）。面对缩减资金的状况和实施新型公共管理项目的需求（利奇和巴奈特，1997；弗利耶等，1996），与文化部门同步，地方当局回应要更加积极地转变文化政策，将这些政策应用于少数地区，而不是法律强制。

余下的章节将在理解地方文化政策如何形成文化劳动力的基础上，来讨论文化劳动力。以大不列颠（或英格兰）为例，反过来说，地方文化政策也影响了创意产业的输出。比如，将创意产业主要集中在13个经济文化活动部门，使创意产业与整体工作和劳动力状况交织。所以市级地方政府（虽然各级政府由英国国家集权构成，但如今地方政府也有各自复杂的组织）也是开展创意工作的中心要素。

20世纪80年代以前，英国地方当局的职权范围广泛覆盖了各个方面，包括教育、住房、地方服务。由于政府还有许多其他考虑，所以地方当局文化供给匮乏（格林和维尔丁，1970：13；川岛，2004）。的确，从传统意义上来讲，艺术和文化在地方当局看来只是些次要的事情。虽然地方当局将娱乐税提高到每人6便士，但是1948年地方艺术文化工作仍常常被忽视。面对被中央政府缩减资金和降低服务部门地位的双重压力，受外包和私有制影响，当地政府转变经济文化政策，以此作为回应（马尔根和沃波尔，1986：21；格雷，2002）。面对大都市的经济衰退，政府找到了新的解决方案，这些方案不需要地方提供房屋建筑和就业机会。20世纪80年代，地方当局将这些方案适用于经济政策，如默西赛德郡国家委员会、利物浦城市委员会、谢菲尔德城市委员会以及大伦敦市议会（格雷，2002）。

谢菲尔德城市委员会和大伦敦市议会出台了地方"经济"文化政策。"城市新左派"委员会（科克，1990）于20世纪80年代早期在谢菲尔德成立，为了应对钢铁工业规模缩减的状况，首次开发了城市文化区以创造就业机会（莫斯，2002）。莫斯对文化区的分析增加了地方自治的深度，谢菲尔德城市委员会的文化政策更广泛地反映了"文化是一种生活方式"（莫斯，2002：213），也回应了经济衰退的现象。同时莫斯也质疑文化区是否能够长存，因为"首创"政策往往难以取得成功（例如损失惨重的国家流行音乐中心），谢菲尔德的政策有效地阐释了地方文化的经济作用。

第二个例子是学术评论家们在研究地方"经济"文化政策中列举的大伦敦市议会（马尔根和沃波尔，1986；格雷，2002）。比安基尼（1989a：36）指出，大伦敦市议会利用艺术娱乐委员会煽动民众，以扩张对劳工团体选民基础的管辖范围。大伦敦市议会为种族排外团体提供专项资金，同时也呼吁为商业和审美文化活动提供经费（比安基尼，1989a：39）。虽然谢菲尔德颁布的政策更为连贯，但也与大伦敦市议会的进程基本同步。大伦敦市议会为文化部门的商业启动提供资金，然而仅一年后该项政策就被废除（赫斯蒙德霍和普拉特，2005），这与谢菲尔德文化区的寿命相同（莫斯，2002）。

城市新左派"广阔的"（比安基尼，1990）文化观影响了其文化政策，尤其是20世纪70年代末的工党左派（温赖特，1987）。因此文化政策能够为先前的排他性文化提供代表发言权（比安基尼，1990），面对机构改革坚持维护权力（川岛，2004；马尔根和沃波尔，1986；格雷，2002），通过开发新型工作项目来应对经济衰退的状况。这些新型工作及扶植政策，不仅促使文化政策成为一种公共服务政策，也是文化性质本身的重要判断。作为一种生活方式的文化观与劳动力和社会身份密不可分。由此而论，文化政策回应了第1章中吉布森的观点：制定公共政策需要考虑到个人价值及团体文化。

4.3 文化经济的崛起

文化政策也是一项公共政策，因此政治判断力对于认识文化工作至关重要。第3章指出文化消费必然存在社会不公和差别对待。文化工作亦是如此。英国地方当局尝试倡导以包容性为基础的工作观，在城市新左派看来，文化视野依赖于激活选民基础的政治规划及经济社会转型。本书在现代性矛盾和全球化的背景之下，讨论了文化选举政策和创意劳动力。

与此同时，社会变革和文化转型下的文化融合（詹金斯，2006）影响了经济文化政策的性质和范围（迪盖和普赖克，2002）。拉希和吕里（2007：8）总结了文化形式与经济实践之间的模糊性：

> 例如，电影成为电脑游戏；品牌形成品牌环境，在机场候机楼、百货商场、公路牌和市中心随处可见；音乐成为能够在电梯里播放的移动音箱……

关于《文化经济》的学术研究日渐兴起，学者们认为经济与文化密不可分（迪盖和普赖克，2002）。研究社会科技中的大规模"文化转向"，要理解当代社会生活的各个方面，其中包括：商业经营如何转变为当代资本主义的标志（博坦斯基和夏佩罗，2007）；在各类市场交易中运用工具和技术的经济功能；服务部门执行工作的方式依赖于文化实践，特别是文化语言；考虑到社会制度，如教育和家庭，经济与文化之间的模糊界线。以上讨论只是

文化政策

《文化经济》研究中的一例，工作和劳动力也是该项研究的重要方面。从根本上来讲，迪盖和普赖克（2002：2）认为，经济与文化是相互依存，相辅相成的：

> 提到"经济"这个词，我们首先要明确"经济"的主要内容是什么，它是由哪几方面组成的，各个部分之间是如何运作的，它们之间又是什么关系。换句话说，在我们处理"经济问题"之前，先要理解"经济"的概念。因此我们需要一种经济话语，和其他话语一样，经济话语也依赖于一种特殊的表达方式：用详细的语言和一系列技巧来思考，通过某种方式构建出一个客体，进而仔细斟酌，并将它作用于实践（米勒和罗斯，1990）。

经济话语不仅是一种观念、价值的象征，而是一种具象性和技术性的实现形式（又如"文化"），它使经济活动在一定的格式和框架中进行。

这对文化政策是一个重要的启示。理解文化政策最好从经济入手，而不是如第1章所谈到的，先考虑美学价值。这一启示引发了关于经济影响的争论，人们开始反思作为文化政策中心的创意产业。有人认为文化与经济毫无关系，他们把经济问题看做是基础，而文化政策在唯美主义者看来是"为艺术而艺术"。其实不然，研究表明，《文化经济》的研究不仅需要批判性，而且也要有包容性，经济作用存在于文化政策之中，文化政策也存在于经济活动之中。准确地说，这也是城市新左派的观点。

第3章中有关突破文化等级的论述，也是《文化经济》研究过程的一部分。它与法兰克福学派（阿多诺和霍克海默，1997）思想家们反对的文化产业转型紧密相关，文化产业是文化的标志和象征，关系到人们如何表达在当代生活中的自我认同感。由此而论，文化及第3章所述的创造性话语，成为经济活动中的一部分，同时也重申了法兰克福学派的批评。抛开其背景和含义，以及复制经济结构的风险，文化被赋予创造性的含义。卡斯泰尔（1996）在文章中讨论了网络经济全球化的构建模块和生产投入，对此罗斯指出，如今创造性已成为经济全球化的"新能量"。此处指出了生产过程中文化投入不足，该批评回应了如约翰·图萨这类人的异议（1999，转引自里夹斯，2002），他们反对用创造性话语来束缚艺术，也反对艺术在创造性中的自我束缚。为了在经济和经济语言中，给高雅艺术实践提供一个面向大众的活动场所，需要健全的文化政策。然而要在《文化经济》中理解经济与文化的密切联系，首先得超越当代文化与经济二元分离的状态。

4.4　制定创意产业政策

最新的研究超越了文化与经济,或在学科上成为美学与经济学的二元分离状态。这项研究重在探索创新形式的艺术实践、以市场为导向的文化产品及传统形式的经济活动之间的关系。创新形式的艺术实践通常由国家出资；文化产品如电影和音乐则是从商业中获利；传统形式的经济活动包括制造业或服务业。要想明确以上三个领域的联系，首先要理解文化劳动与经济劳动之间的关系。文化渗透于经济实践中的多个领域，最突出的就是消费和服务领域，不论它属于哪个范围，在实践中都能培养出一个高效的劳动者。（博坦斯基和夏佩罗，2007）。

学术界、政界和思想界的作家们经研究表示，文化实践深植于广泛的经济活动中，通过传播途径进行改革创新（工作基金会，2007）。我们可以用生态系统的比喻来理解文化与经济之间的关系，理解经济活动中的艺术创新实践与如制造业之类"非创新"实践活动之间的价值衔接链（巴赫西等，

2008）。这些概念广泛用于英国（韦西，2011）和美国（全国教育协会2012）的政策话语。各种创造性形式相互依赖，因此，艺术学校、国资剧场、商业上成功的剧作、媒体学习课程、电影学习课程、广告实习以及成功的制片人都是文化生产系统的组成部分（回应了第3章提及的"文化循环"概念[迪盖等，1997]）。这种生态意识来源于不同的渠道，生产与消费之间看似有固定的界限，实际却纵横交错，《文化经济》中对文化渗透性的研究带我们重新回到文化价值与文化等级的研究。生态学的比喻不是特别针对文化等级的，而是如理论家德吕兹提出的连接数个个体使之相互联系的根茎。在理解现代性和个性化的基础上，伴随文化等级和结构的突破，第3章再次提出了经济活动的设想。

不过，狭义的经济活动深入到了独特的英国创意产业中，与之相比，文化与经济关系或生态系统的比喻是其次重要的研究。文化、传媒和体育部对创意产业的定义，注重通过知识产权项目生产经济价值："那些具有个体创造力、个人技术和个性化技能的产业更容易通过开发知识产权项目创造就业和财富。最初文化、传媒和体育部构建创意产业，并不是注重城市新左派和第3章在消费中提到的文化同一性，而是在注重个体创造性的基础上，开发创造就业和财富的知识产权项目。知识产权虽然不是本书的专题内容，但论及个体层面的财富创造时，它也是个关键问题。大卫（2010）、施莱辛格和瓦尔德（2012）研究发现，知识产权大多不是从个人层面开发，相比之下，个体开发的知识产权很少能作用于"财富创造"，大多数知识产权项目由大型公司结构开发，如音乐产业。关于文化价值的争论显示，源自知识产权的经济价值涉及生产者和消费者两个方面；相反，源自文化的非经济价值则是一种身份表达或是班尼特等（2009）所理解的区别形式。

创意产业独创思想中的个人主义现实性构建了政治经济领域和劳动力。

如今创意产业已遍布全球（弗卢，2012），不过在英国，创意产业与工作的关系存在问题——有明显的地域差异性。伦敦的优势最为突出，英格兰东南部受伦敦影响也占优势地位，而英国其他地区的创意产业并不盛行，如在伯明翰，只存在少数高效网络创意产业，而且与伦敦相似组织的特性并不相同。从伯明翰、查佩恩和科穆尼安（2010）的例子中可以看出英国中部地区，是由如考文垂、伍尔夫和汉普顿这类小城市连通的，而不是国家和国际上关注的地区。考虑到创意阶层高度流动的创意工作者的愿景，或将公共政策，特别是教育政策与创意工作的地域差异性联系起来时，这个问题就变得十分重要了。

创意产业的组织形式也存在地域差异，创意部门在特定的组织之间和各组织内部的商业模式各不相同（赫斯蒙德霍，2013）。各部门之间高度分离，从大型跨国企业，如产生股东价值（弗劳德等，2012）的索尼公司（及其子公司），到自由职业者和微型企业，都有各自复杂的资金来源来维系基本生活。

政治经济中批评的声音,将全球化趋势中的组织形式置于一个改革国家和社会的新自由主义方案中（哈维，2007；海，1996）。这种趋势结合新公共管理政策，特别是利用市场分配物质的制度，是除了物权保障外，国家公共政策的重要角色。同时对于转变公共政策的认识也存在争议（如彭宁顿[2011]关于自由主义国家的辩论），许多评论家认为，市场操纵的设想构成了当代的公共政策（海，2007）。马祖卡托（2011）在研究公共组织与创意实践的关系中认为，以创意产业为例，讨论创意产业中的组织和地理形势，必须与公共政策相联系。

如果仅考虑到国家创新模式（如美国的苹果公司）或国家社会政策（如日本的索尼公司），上述评论还无关紧要；但若涉及工作和劳动力，这个问

文化政策

题就很关键了。创意产业模式（莱斯特和夏普，2010）力图突破文化、传媒和体育部所界定的知识产权个人产物，实际上大型企业、微型企业、小公司、创业者和国资技术机构及政府是相互依存的。在参与模式和逆差模式相关问题上（迈尔斯，苏利文，2012），它们的相互关系不仅是提倡资助国家传统文化地区的工具，也是一种空想方案与艺术家相联系，从而传播到其他经济部门的方式。如果如佛罗里达（2002）和城市新左派所说，文化劳动力是解放性的，那么新经济政策的基础，也就是《文化经济》研究中得出的美学，将会引发一个核心问题：文化劳动力是什么，它与经济之间是什么关系。

4.5　工作、不平等和国家

经济生活中的文化传播和对于创意产业范围的界定,是日常生活工作的现实问题。首先，哪些产业属于创意产业，哪些不属于创意产业（如2011年文化、传媒和体育部将某些软件开发项目移出此列），以及如何衡量创意产业活动（巴赫西等，2013）。麦克罗（2010）讨论了到底应该如何定义创意产业的问题，创意产业和非创意产业的差异性往往带来一些负面影响。个人、团体和社会眼中的好工作与差工作是通过工作形式来划分的，看似富有创造性的工作通常被赋予积极的含义，并使人们愿意为其努力奉献。相反，其他一些与创造性无关的工作，通常令人排斥或轻视，即使它也被束缚在普及文化经济的消费社会中。

这种差异性引发了文化政策的巨大问题。它属于等级结构的遗留问题，也归因于第1章在讨论美学和经济学的矛盾中所谈到的艺术家浪漫主义和现代主义意象。布迪厄试图在《区隔：趣味判断的社会批判》中解释这两点，同时文化产品也有更广泛的定位，如属于国家建设项目的公共产品、物体、实践及人工制品，而不仅限于迎合大众的文化产品。安德森（2006）、霍布斯鲍姆及兰杰（2012）认为创意产业是一种国家建设项目，他们将它比作虚构的创意形式，不论是团体项目，还是传统项目。政策制定者们讨论文化产业和创意产业的方式或是他们将文化产业转变为创意产业的方式（加纳姆，2005），都与重建国家的理念密切相关，特别是在欧盟。这是对第3章中全球竞争下产业转化的回应，但是从对文化政策的理解中,也可以看出产业转化的可能性。

维多利亚文化是人类活动与完美理念的产物（阿诺德，1993），麦克罗比对工作类型的划分与维多利亚时期定义的文化概念密切相关。政策制定者希望用文化手段改变个人和国家，从而开创一个新文明时代。这种设想依赖于与作为经济产品的文化形态格格不入的浪漫主义和现实主义文化观。国家政策尚未解决这个矛盾，面对文化工作的现实情况，这个矛盾也是限制文化政策的重要方面。

麦克罗比（2002，2010）在对英国创意产业的研究中，将这个问题历史化了。麦克罗比概括论述了创意劳动的历史。英国的创造性企业家曾引发了三次高潮，这与创意产业的文化发展基本同步（加纳姆，2005；赫斯蒙德霍，2013）。第一次高潮中，亚文化企业家占主导地位，这与20世纪80年代以微型商业为基础的流行产业息息相关。微型商业植入到英国亚文化风格（赫布迪齐，1979）中，带来新的经济结构和媒体结构，比如《爱好者》杂志以及其他更正规的出版物和媒体。在城市新左派的市政工程下，第一次高潮部分回应了就业形势的转变，比如20世纪80年代的经济衰退为女性提供了就业机会。同时，第一次高潮也将亚文化转变为能够在市场上销售的文化产品，从而形成一种商品化的城市景观，如后朋克运动。

按照英国地理差异性，伦敦的亚文化企业家是第一次高潮的重要组成部分，也是东伦敦的创意枢纽。他们被拥护者看做文化再生，但在批评家眼中，他们终究是中产阶级化的领导者。20世纪90年代早期，伴随着金融危机和经济衰退的状况，第一次高潮在破产和改革中逐渐消退。这里最重要的影响是，在第二次高潮初期，亚文化企业家的地位已不复存在，取而代之的是夜间经济（查特顿和霍兰茨，2001）。

夜间经济虽然延续了第一次高潮的亚文化色彩，但只是流于形式，特别是英国俱乐部文化的高涨（桑顿，1995）。这里所说的经济活动与传统服务部门紧密相连，虽然过滤掉了酒吧文化，但是小酒馆依然存在，如此反映了现代性理论家和个性化理论家热衷于描绘的社会结构基础上的文化转型。

创意职业的兴起不是知识产权的产物，而是服务部门对美学的反映，比如事件管理者，对于麦克罗比所说的作为伦敦洛杉矶化部分内容的"现代"格调至关重要。在此过程中，夜间经济的负面问题也成为创意工作者之间的主要争议，比如工作环境差、不安全、条件差、工作时间长、无工会组织以及复杂的事业结构和缺乏专业资格等问题。特别是存在剥削和条件恶劣，成为夜间经济的主要问题。由于文化空想式联合及创意产业中创意工作的"好"名声，这些问题仍在持续。最终，从谈论微型商业和夜间经济，转而讨论给从服务部门员工到创意阶层的创意工作者带来的巨大打击。

最重要的是拉希和吕里（2007）所讨论的文化融合模式。随着多种职业、作业和混合型工作的兴起，第二次高潮呈现出一种非专业形式。这种形式与政治规划（海，1996，2007）及第1章所谈到的现代性工作有关，由于缺乏专业技能，所以需要定期进行再培训以提高技能。与创意产业实践同步的必要性，和吉登斯和福柯（2002，2003，2007）所述的培育有直接联系。

福柯的解读更有说服力：由于夜间经济逐渐转移到白天，所以创意工程最终与不计酬工作、义务劳动及实习生工作相联系。反过来说，这种独立的工作形式也与微型商业逐渐扩展到多样化服务业的趋势、传统文化组织逐渐与政府文化政策相联系的现状步调一致。创意劳动力的出现，使夜总会不再像以前一样，仅是二十岁左右的青年男女娱乐的场所（桑顿，1995），而是一种由各个品牌形式组成的文化产品。"利物浦霜"和"内阁之声"是第二次高潮的典型例子，它们始于人们常结伴而至的俱乐部，并最终由生产唱片集、品牌服装和经营酒吧所取代，其特点是部分企业主是由网络化的自由职业者组成的。

自由职业在大型文化机构和组织中产生，过去是雇佣全职工人，但后来受方针政策的直接影响而改变了。赫斯蒙德霍和贝克（2011）详述了电视业的转型，最典型的是英国广播公司，从由工会支持的保障性工作转变为自由职业，存在于创意产业其他领域的小公司。到20世纪90年代，电视业尝试用各种途径开拓市场，同时公共服务业的新公共管理改革使得生产企业对自由职业的需求增大，如英国广播公司，也导致了公共服务市场化，承包制和私有制，比如电视业的非专业模式（赫斯蒙德霍和贝克，2011）。20世纪90年代的创意工作通过再培训，成为跨越一系列专业的混合型工作，面对这种前景，创意工作者很难感到成为一个特殊身份的特殊工作者有什么意义，他们觉得自己本身就是一项工程，最终成为产品。

创意产业在新工党的领导下迅速发展，部分是得益于文化、传媒和体育部的创意产业制度化。麦克罗比所述的伦敦洛杉矶化文化观和创意工作在争议中终结，也成为创意工作者和几次创业高潮反复存在的史实。在民族国家革新的背景之下，第3章中所讨论的企业家和英才的创意精神，逐渐替换了由大量工人进行大规模生产的模式。新工党在早期大量利用文化创意实践者

（如备受争议的"酷不列颠"[奥克利2004]），表现出大不列颠在创意产业上
的比较优势，因此具有出口产品的能力。他们坚持认为能够出口至他国的特
色民族产品是由成为先驱者的个人制造的，并成为新经济的蓝图。因为他们
是企业家，所以不依赖于国家公共机构及由现代性网络结构取代的旧社会结
构。然而创意工作并不能完全实现文化政策的许诺。

4.6　创造性管理

　　创新产业中充满了精疲力竭的年轻人，他们不能考虑生儿育女，而且经
常以"在工作中寻找乐趣"为信条进行自我压榨（麦克罗比，2010：2）。

　　文化政策发展前景逐步黯淡，创新产业中与体力劳动和脑力劳动相关的
管理形式已经部分地证实了这一点。工作本身已经越来越与商品生产相脱
离，即使是信用管理体系（DCMS）颇为看重的知识产权之类亦是如此。通
过管理和创造个体，工作演变为创造经济价值的场所。吉尔（2009a，
2009b，2010）对这一现象进行了广泛的研究，研究显示这些灵活自如、善
于适应、以自我为导向、支持个性化的个体如何成为了待售的商品，最后以
其采访对象所使用的一句话总结："生活就是推销。"

　　生活就是不断进行推销，这一概念包含的将自己作为商品出售这一理念
在主流思想以及马克思主义经济学里都历史久远。劳动力，是个体劳动者在
雇佣市场上所认为能够出售的商品。深入研究创新产业后，研究者对劳动的
概述就是劳动者出卖自己的劳动力，例如，操作机器的能力，或者进一步而
言，为完成某项任务而使用专门技术的能力。劳动力被内化，正如个性化论
文以及福柯关于自我突出产物的讨论所说的那样，工作变成反映人们试图变

得富有创造力的某种映象。

把创造性的自我作为商品，反映了自治，这种自治与本书第3章中所概述的创造性特质联系在一起。这种观点也被先锋派艺术家所认可并得以发展，他们能够在自己的创作中超越市场和国家的这些问题。不管怎样，文化和创造性卓越不凡，改造作用巨大，因为创造性劳动将会生产出优质非凡之物，而非只供市场出售的商品。这种形式的劳动更多地归功于天赋以及给予、捐赠之间的关系而非商品交换的思想（班克斯，2009）。由此看来，将文化和创造性工作与其他类型的工作区分开来非常重要，从以工作换取金钱回报的角度来看，文化创作根本算不上工作。这种唯美主义者设想实际上，套用吉尔另一个采访对象的话来说就是，创造性工作者看起来就是"用爱好挣钱"，而非以劳动力辛苦挣钱。

无论如何，可以做自己想做的事情并且还有工资可拿看起来毕竟还是一件荣幸且让人高兴的事儿。实际上，马克思（1845）认为，人们可以超越在资本主义的驱动下越来越细致的劳动专业化分工，但人们对此却存在一些误解。那些用爱好挣钱的创造性劳动者可以"早上打猎，下午捕鱼，晚上养牛，饭后批判"。这并非在创造性工作中乌托邦般美梦成真的现实状况。相反，标榜自主的重要符号与象征、自治、奉献等特质早已被技能不高、专业程度又低的各种工作磨灭殆尽，因为这些工作往往不能给人安全感、劳作时间长、工资又低。一个人可以依靠自己的爱好来获取工资这样一种愿景也与以下几方面有关，如劳动力大大过剩（赫斯蒙德霍和贝克，2011）、激烈竞争长期存在、工作岗位激增、对社交网络及社会特权的倚仗越来越严重等，但并非引起以上几个方面。爱好被迫成为社会化及自律这些所谓创造性工作者核心特质的一部分。

如果"生活就是推销"，那么特定形式的社会关系就显得非常必要。工人总在工作，好像劳动就是他们自己。于是，关系就变得与工作相关，而非与社交或友谊相关。更广泛意义上的组织结构和条件限制或决定着创造性员工身份认同的方方面面，对于这一点，每个个体既难以掌控也难以抵制。

关于阶级、财富、权势、两性关系、民族代表之类的问题与困扰文化消费的问题有异曲同工之妙。从创造性思潮秉持精英管理和平均主义，以及用爱好挣钱这种思维来看，这些问题无法提出也无法解决。

由此看来，在工作方面的社交关系中，每个工作者都是有才华的个体，他们展现出自己的创造性并由此获得应得的回报。这一点对于麦克罗比（2010）关于创新产业中的工作批判至关重要，文中提到，是否从事自己热爱之事，是否从事自己愿终身奉献之事，是否从事既能体现自身价值又能发挥创造力之事会对成功失败产生巨大影响，从而对个体和经济带来非同一般的后果。若不能从事自己热爱之事，不能从事体现自身价值，不能奉献到愿意牺牲自身利益之事，那么不管是从艺术角度来看，还是从自身天赋来看，往往会以失败告终。

诸如学校、图书馆这样的机构支撑着创新产业的发展，在这样的机构中就业尚且被视为失败，就更不用提在没什么创新且反映传统的经济活动的产业就业了。更具讽刺性的是，这些形式的工作仍然有和福特主义福利国家一样的各种福利，包括退休金、节假日补贴、医疗保险、工作日法律权益的保护和反歧视等（麦克罗比，2010）。然而，当试图获得"重大转机"的创新工作者在这样的机构中从事没有创造性的短期或自由工作时，他们便失去了可以在这些机构或职业中发展长期事业的机构支撑。麦克罗比的这些探讨，为那些创造性劳动的提倡者们提出了一个难题，这一难题不论从政策方面，还是从研究方面来看都很棘手（佛罗里达，2002）。从事一份平常的工作也就等于承认自己资历平平，能力不足，"这在很多方面都意味着一种不能达到精英领导制经济预期的个人失败，在这种经济中，个人创造性超越一切，占据主导地位，其他方面与之相比微不足道"（麦克罗比 2010：2）。如果一个人的身份就是其工作，那么拒绝这份工作就提出了一个新的难题：如果你不是创造性人才，那么你究竟是什么呢？

在麦克罗比和吉尔（2009a，2009b，2010）的著作中提到人们害怕被剥削，将之放在创造性劳动的乌托邦式前景中来看，就显然漏洞百出。若将其放在创新产业劳动力市场的结构特征这个背景之下来看，就更令人忧心忡忡了。吉尔和普拉特（2008）描述了以下几个方面的优势，大批青年人不仅身强体健，而且受教育程度高，拥有来自顶尖学府的资历证明，人脉广泛且强大（用布迪厄的话来说就是拥有强大的社会资本）。然而，吉尔和普拉特（2008：14）与赫斯蒙德霍和贝克的观点一致，概述了"阶级、国籍、种族之间的复杂纠缠"，这些在性别歧视上异常严重，从对孩子或老年人缺乏关心中也有所体现。吉尔（2009a）在关于媒体工作者的调查研究表明，正常的时间长度，通常至少要65小时左右，在此期间他们经常谈论到合同薪酬低或合同期长，对奉献于工作的承诺却几乎避而不谈。巴尔等人（2010）对于近来毕业生的研究清楚表明，拥有强大社会资本而得以在竞争激烈的工作环境中胜出的男生，与没什么社会资本可言的女生之间存在着显著差异。（巴尔等，2010：12）：

> 在《富有创造力的毕业生，富有创造力的未来报告》中，42%的调查者说毕业后曾做过无薪的志愿工作或有过相关经历。最有可能有过这种经历的包括女生、往届毕业生、有某种缺陷的毕业生以及艺术专业类毕业生。调查发现，背景越优越的毕业生获得相关工作经历（在毕业之前或之后就进行相关实习或义务工作）的机会越大，因为他们可以获得父母的支持。

　　更加棘手的问题是，尽管巴尔等（2010）提到的这些人同样做着无薪或免费义工式的工作，那些有着优越背景的人与之相比依然有更多的机会获取相关工作经历。无薪工作者经常被剥削压迫，因为他们通常要连续工作好几个月而非几个星期而已，或者必须面对一系列的实习，而回报却与其辛苦付出不对等。然而，他们发现在自己最难支撑下去的时候，想要找到这样一份无薪的工作依然不易。对于工作的热爱，从事创造性工作的荣幸欣喜之情，在社会分化的影响下都被蒙上了一层阴影，而文化消费又以社会分化为特征。

4.7　休闲、个人化及糟糕的工作

　　尽管像罗斯、麦克罗比和吉尔这样的研究者把创造性产业中的工作描述得惨淡无望，然而文化中乌托邦式的光明前景依然存在。为了梳理辨别出好工作与坏工作，而将自己商品化或加以剥削利用，对此，有些解读非常悲观，赫斯蒙德霍（2010）就对此悲观看法进行了整体的批判。一份工作既有好的一面，也有坏的一面（这反映了在哲学及历史习惯[汤普森，1991]方面人们对工作意义的理解），这一点从麦克罗比（2010）和吉尔（2009a，2009b，2010）介入这些争论中也可以看出来，从班克斯（2009）对于休闲在创造性工作中所扮演的角色分析也可以看出来。

　　将自我商品化在本质上与休闲有着至关重要的关系（班克斯，2009）。对于法兰克福学派而言，休闲不是工作之外的选择，不是可以在英式文化研究中关于文化和阶级的讨论中获得的，而是在结构或实践方面，重复或继续工厂或办公室中的工作（阿多诺和霍克海默，1997）。在创新思潮和个人主义化盛行的时代，不管是作为社交的一部分，从而有助于找工作，还是作为一种获取文化资本的方式，从而在未来派上用场，毫无疑问，休闲已成为创造自我的另一种方式。迈尔斯和沙利文（2012）将文化参与等同于塑造休闲的雇佣和时间结构，在这里，轮班模式、旅行次数或简单的疲劳在解释消费惯例时，都是占据主导地位的因素。这一点也反映在休闲对创新阶级的正面作用中。尽管创新工作者的休闲惯例看起来消除了工作和休闲作为社会结构之间的分界线，这一点与现代社会结构其他界线的消除是协调一致的。这些实际上也揭示了工作如何在允许休闲的地方占据主导地位。这是最为重要的，因为在这个文化趋同的社会中，消费文化的能力对于高效的生产能力至关重要。

这不是工作模式问题，也不意味着一个人因为博物馆关门了便不能去，这个问题在于工作和休闲之间的界线将不复存在，人们无法逃离工作，除工作外也别无选择可言。然而，人们经历之后就会感觉这样是自相矛盾的，这也反映了创新产业中所谓"好"工作（赫斯蒙德霍，2010）带来的"极其复杂的自由"（赫斯蒙德霍和贝克，2011：13）。关于工作的许多研究表明，工作和休闲不断相互渗透这一现象受到积极鼓励，创新工作者也将其视为好事情。工作就是"有趣、自由、令人愉悦"（班克斯，2009：4）。解析好工作和坏工作之间的区别要从奥克利的"快乐和痛苦"两方面进行分析。麦克罗比（2010）鉴别了创新产业所给予的不同程度的自主性，这大大区别于工厂（威利斯，1997）、办公室（博坦斯基和夏佩罗，2007）工作中等级分明、控制集中的状况。

通过研究采访对象、研究创新产业的专家学者，对创新工作所展现出的优势进行了总结，其中包括：勇于冒险，渴望发展自我，告别朝九晚五的办公室式工作；可尝试不同工作来自我提升，与他人进行跨学科、跨地域的合作交流，获得崭新的体验和创新。以上均被视为创新工作强有力的优势。尽管麦克罗比掀起的创新企业家潮流早已在20世纪90年代早期销声匿迹，但与艺术学校、城市、艺术形式相联系的各种团体仍不断涌现。

社交网络中存在潜在客户、上级领导和竞争对手（赫斯蒙德霍和贝克2011），我们对此难以进行辨别、选择，由此要求我们的工作具有长期稳定性，这就体现了一种社会化，而这种社会化还有另外一番面貌。在对舞者和音乐家是如何利用版权的研究中，施莱辛格和瓦尔德（2012）发现在艺术形式和努力维生的共同驱动下，他们必须协力合作，由此产生了社区性和集体性意识。由班克斯（2009）定义的这种互利关系，有利于加强创新工作者之间的纽带，创造出全新的实践团体，而超越仅以个人推销为目标的社交。

创新工作中的这些自相矛盾之处、痛苦或欢乐，经常需要创新工作者自己进行调和。创新产业面临的另一个棘手问题在于，如何解释工作的剥削性及结构上的不平等，而这些可能恰好为创新工作者所积极拥护。自我剥削理论（格雷格，2011）极易陷入这样的观点，即用虚假意识来解释创新工作者对工作的热爱、喜悦之情，而这一点已在前面讨论到的巴尔等人的研究中得到了详细说明。

泰勒和利特尔顿（2008）利用调解的思想来解释创新工作中的矛盾状况。他们对艺术类毕业生进行研究，试图发现他们自身在多大程度上带有艺术世界的分层等级观念，对艺术和金钱的区分（这一点对于菲尔修斯[2007]关于艺术市场的研究或者更广泛意义上对于文化政策的研究至关重要）以及是否可以接收成为低薪的艺术家（夏佩罗，2004）。这些毕业生中没有一人认为自己为了钱而投入创新产业，但都反映了奥克雷（2009）采访对象所言"如果我是为了钱的话，我还不如在银行工作"，若对其工作进行文化价值方面的评估，它自然具备有效性与价值性，并能被同龄人、评论家认可。但具有讽刺意味的是，就连艺术市场也拒绝为他们提供专业地位的认证，同其他经济领域差别无二。

最终，人们会进行各种调解，不仅仅是市场调节，也有各种枝叶间的调解。施莱辛格和瓦尔德（2012）、泰勒和利特尔顿（2008）向我们展示了教学，特别是高等教育中的教学，是如何代表了这样一种方式，即既能保持对工作的热爱，又拥有其他选择和职业的安全形式。尽管吉尔（2009b）对高等教育这一前景持有异议，但这仍不失为一种好方式，这样一来，众多创新产业中的工作者，既能考虑继承创新表达和创新实践，并且得到同龄人和评论家的认可，又能避免因重大打击而惨遭厄运的状况。

人们对重大打击或重大突破的幻想，导致他们不敢想象未来的种种可能性，这是非常可悲的。在吉尔（2009a，2010）的采访对象中，很多人对未来的想象不是无疾而终、一事无成，就是纸上谈兵、企图一步登天，还有的甚至含糊其辞、无法说出任何未来规划。尽管这一研究范围跨越不同地区的传媒、电视、艺术、出版业等各个领域，艺术家努力寻求认可仍然是一大鲜明特色。这样看来，通过将经济美学化和把艺术家吸收成为当代管理领域的评论家，艺术家地位边缘化的问题就看似得到了解决（博尔坦斯基和夏佩罗，2007）。正如罗斯（2008：34）所言：

> 毫无疑问，人们习惯性认为创造性工作就本质而言容易给人极大的满足感。创造性工作以智力挑战和诱人的自我沉醉作为包装，但我们却难以看到从中传达出的极大喜悦和满足感。这种想法的支持者可能会承认，以往创造者的生活通常与痛苦、沮丧、剥夺联系在一起，然而，实际上，这些缺陷主要由经济上的忽视和社会边缘化所造成。在创造力受到来自各方面的吹捧之时，其背后的缺陷自然就被人忽视。

罗斯继续论述他自己及其他人的研究是如何综合证明实际情况并非如

此的。

4.8 好工作及社会变革

文化领域所提供的工作不仅优质，而且充满意义，这是政策制定者所宣扬的，虽然实际情况并非如此。但事实上这样的工作是真实存在的，或许更为可信的说法则是，在电视节目、音乐杂志、新闻报道中找这样的工作可比在其他行业中好找多了（赫斯蒙德霍，2010：243）。

虽然，自我导致的伤害某种程度上受到创新主体整体结构的影响，这让我们可以全方位地看待创新工作。然而，正如前面章节引自赫斯蒙德霍的话语所暗示的那样，这些言论分析有些言过其实。从政策角度来看，这些也许暗示着在工作时间和争取更大的就业权方面，我们需要国家干预。诸如英格兰艺术委员会（ACE，2011）指导方针这样的政策文件也表明了这一点，此指导方针强调诸如确保工作薪酬这样的法律义务。从更具批判性的视角来看，这暗示着在当前循环往复的状态下，创造性工作的矛盾与反对资本主义生产方式方面的批判是一致的。

在创造性工作中，我们也许还有机会挽回乌托邦似的美好前景中存在的解放时刻。对赫斯蒙德霍而言，这种解放时刻将以自治形式出现，我们劳动者要求自己成为主体，进行自我表达，通过文化和创造性劳动得以自我实现。工作的这些方面直接体现了与劳动相异化的一面，也为我们提供了这样一个机会，即那些被解读为剥削的工作特性，实际上可能被挑出来与朋友进行娱乐分享，以此作为谋生手段，也就是所谓的用爱好挣钱。

赫斯蒙德霍所持观点中，最本质的就是承认工作也是千差万别的。有些研究者一致持有的批判性观点认为，资本主义制度下的所有工作都具有剥削性，例如来自意大利自治思想流派的自治论主张者就持此观点。殊不知这样的观点其实忽略了工作中的差别和变化。吉尔和普拉特（2008）也支持这种区别对待，因为工作有别，好工作鼓励自我表达，让人自治，而坏工作往往制造出劣质产品，与生产衣服和信息通讯产品等艺术品的好工作之间形成鲜明对比。赫斯蒙德霍的观点为我们提供了新思路，来理解创造性工作中所出现的矛盾，同时也有助于从批判性的视角为创新工作中的积极面做辩护。而对于这积极的方面，所有参与其中的团体与个体均有体会。将其与更高层面上的全球创新产业中的政治经济（拉西和吕里，2007）联系起来，就会发现在资本主义盛行的西方和北方之外对剥削性工作的抵抗还是得到了一定的支持。人们习惯承认并庆祝身份、团体、文化等各种形式（汤普森，1991；霍加特，1957），这些形式发源于非创造性劳动之中。而在麦克罗比眼中，这些对于极具创新思潮者而言意味着失败。尽管冒着背离这一传统的风险，这种做法仍然不失为社会良方，既能促进政策制定者对幼稚的空想社会改良方案的改善，又能满足批判者对于社会改革的呼吁。

4.9　结语：创造性劳动及教育政治

当人们对创新劳动大军的教育进行反思之时，就会明显地感受到政策制定者的空想主义改良方案是如何地幼稚不堪。毋庸置疑，工作被树立为正面积极形象，获得工作的人越多越好。尽管艺术委员会对实习工作做出了一定的贡献，英国的情形正是如此。奥科雷发现在这一地区，至少在英国，文化政策的关注点及其片面性，在于只专注于技能培训事宜，重视传统艺术教育中所看重的企业家精神和商业技巧。但除此之外，对于文化事宜的关注就微乎其微（奥科雷，2009）。

因此，文化工作的公共政策所关注的重要领域是教育而非文化政策。文化政策未能有效与教育政策相联系，未能切实处理创造性工作中所出现的问题。这引导我们回到本书第3章所讨论的消费以及跳到本书第5章所探讨的城市改造。之所以回到第3章，是因为教育水平和文化消费紧密联系。消费对于创新阶级中多产的成员必不可少，之所以跳到第5章，是因为在支离破碎的管理世界里，文化政策而非政府的局限性，正是我们理解文化政策在改造中所扮演角色的关键所在。

教育培养人们的广泛兴趣，正如艺术教育塑造出充满激情、乐于奉献于所从事工作的劳动者。然而，正是这些学科模糊了工作、实践、学术、科目之间的界限。从工作中所获取的奉献、身份认同感，是创新思潮的起点。与此同时，这也培养了人们的品位，正如奈特所言，文化研究这样的科目对美学等级提出了挑战，对创新产业做出了巨大贡献（米勒，2012）。然而，具有讽刺意味的是，本章所讨论的文化工作中所存在的矛盾也具有讽刺意味。正如科穆尼安等（2010）对于英国的调查所显示的那样，艺术类毕业生严重过剩，与其他毕业生相比，在毕业后短期内，这些毕业于艺术或创新等标新立异专业的学生获得的薪酬少得可怜。从在创新产业谋得的职位来看，他们的表现也不尽人意，这当然是个天大的讽刺。尽管从中期来看，这一情形有所改善（阿布勒等，2011）。正如科穆尼安等人（2010：407）的评论："如果违反常规的文化人对经济发展如此重要，是英国经济中举足轻重的组成部分——正如公共政策所宣称的那样，为什么他们却不被劳动市场所认可呢？"

　　当然，所有这些其实都与学术知识和学术课程密切相关。知识和课程在构建创新产业思想本身以及培养出优质人才方面具有举足轻重的作用。这种优质人才既能在创新产业中创造出令人惊叹的优良文化产品，又讲究自律，教养良好，还可以内化风险，尽管这种风险是由现代社会在构造创新产业的过程中引发出来的。

第5章
时过境迁——文化指引下重建的黄金
时代末期

　　如果我们不能发现能够同时重新思考知识、现实和方法
的方式，我们就不会获得需要的工具来理解采用我们的方法
进行的工作，也无法想象一个特别不同的社会是什么样子。

　　——劳

前述的章节已经阐明了文化政策的重要话题是如何反映在现代公共政策的实施问题上，以及社会科学在这些问题的主体政策领域所扮演的角色。正如雷蒙德·威廉姆斯（2010）对文化所下的定义，文化是一种分享性行为，而参与其中和工作都不可否认地具有一定的社会性质，参与其中和工作同时在经验层面和个人生活的现实层面，以及个人主义观点的论辩层面上具有个人性质。本章和接下来的章节将会转入探讨反映与当地政治和国家机构相关的文化政策的社会性质方面的活动。本章节将围绕城市背景下的文化政策，尤其是关于文化政策在城市重建过程中所扮演的角色进行探讨，其中会像前述相同主题的章节那样，以城市作为立足点。第6章将会集中对机构理念的作用进行探讨，审视文化价值论辩方面是如何围绕公共价值所反映一个更普遍的论调。

全球化（格里菲思，1995）、国家的空洞化（罗兹，1997）以及政府向管理的转型都为作为学术和大众讨论重要阵地的城市的重现提供了背景。在这种重现过程中，文化政策的影响力是尤其不容忽视的。这种文化关切上升至城市政策前沿层面的现象，因此可以被理解为关于城市研究和城市重建议程中涉及的"文化转型"论辩发展的一部分（黑斯廷斯，1999：9），尤其是在英国（诺斯和威尔克斯－希格地区，2004：305）

本章引用了2008年"欧洲文化之都——利物浦"（ECoC）的一个详细的研究案例。利物浦是文化政策和城市发展联系紧密的代表性城市之一。第4章已经大略概述了作为20世纪80年代和90年代城市政治项目的文化工作的发展情况，利物浦也是这一项目的一部分。建立在一些第4章所概述的文化工作的假设之上，连同第3章中所做出的文化消费的探讨，本章将讲述文化是如何成为城市发展的不可分割的一部分的。

相比于针对将文化视为资本利益直接反映的城市管理所做出的探讨（例

如，杰恩，2004；迈尔斯，2005），本章将会阐明当地的文化政策是如何反映其中艺术和文化精英携手操控城市文化发展动向的管理网络的（伊万斯和肖，2004）。2008年"欧洲文化之都——利物浦"提供了一个欧洲城市的典型案例，文化政策要求文化元素融入城市管理和政策网络决策之中。

特别值得一提的是，本章阐述了为什么文化政策不仅仅只是现代城市面临的各种经济和社会问题的解决办法，同时也阐明了利物浦案例研究是如何基于社会科学证据，构建了一个大众政策干预的模式，而这种模式可以放诸四海而皆准。利物浦个例研究是一个宽泛而时间上就近的研究，该研究省略了社会科学证据以及对于文化干预转型能力的笃信，并且利用大型的建筑工程和大规模的节庆和事件回应了共享式全球政策环境（是否为新自由主义）。

5.1　文化和城市发展：审视历史

文化在城市发展中的辅助作用在现今是涵盖全世界中央和地方政府政策的普遍特征（文化、媒体和体育部，2004；贝尔菲奥雷，2002）。其全球性可从大量的实例中显露无遗，无论是将美术馆和其他文化建筑视为新发展的驱动力量，比如为阿布扎比酋长国筹建的古根海姆博物馆（巴格恩，2007），基于大量文化制度而兴起的海滨发展区，如巴尔的摩（斯蒂文森，2003）或拟建的西九龙文化区。将城市以它们的文化资产为基础发展为旅游胜地的案例也不在少数，例如，1990年格拉斯哥的欧洲文化城市或新加坡对文化基础设施的投资（约翰逊，2009）；或是利用文化来复兴经济衰落的地区（显然同文化工作的叙述联系最为紧密），例如，位于索尔福德市的英国"媒体城"的发展（莫尔德，2013）或是毕尔巴鄂的古根海姆博物馆。这些实例既不是独一无二的，也不是面面俱到的。比如，毕尔巴鄂对于古根海姆博物馆的使用其实已超出了以上列出的范畴。这就是理解文化在城市发展中的不同用途及其作为有着全球影响力的政策形式的历史之所以重要的原因之一（米勒，2011）。

回溯到1967年，英国的大臣们已经意识到确立繁荣的文化来吸引区域投资的重要性（格林和怀尔丁，1970）。但在欧洲大陆和美国，文化造福于城市发展的关键时期却是在20世纪80年代才来临。这些多半是源于市级政策而非国家政策，而这些政策同城市复兴的文化用途紧密相联，这种复兴面临着各种各样的经济和社会政策困境，影响了文化劳动力的发展。

伊万斯（2005）和维克瑞（2007）都将大量实例当做文化施行于公共政策的相关手段（伊万斯提出三种理念，维克瑞提出四种）。伊万斯的定义富有影响力（2005），因为它们反映了对英国的文化、媒体与体育部所提出的建议（伊万斯和肖，2004），并且将"文化指引下的复兴"、"文化复兴"以及"文化和复兴"视为着眼于城市转型的城市文化政策的普通变体。在"文化指引下的复兴"中，艺术和文化活动是城市转型的驱动力或催化剂，通常与高姿态的实物开发紧密联系在一起，比如一个新的博物馆、音乐厅或美术馆的建成。在"文化复兴"中，文化活动整体上融入一般的城市政策，比如，影响当地权威机构的社会工作或教育活动。最后，在"文化和复兴"中，较小的干预发生在城市复兴项目的外围，反映了文化部门或机构在特有的城市发展环境下的边缘化本质。

维克瑞（2007）的类型学将四种形式的文化政策与复兴相关联，它们可以浓缩为两类较宽泛的范畴。首先，地区可能用大规模的、重要的或"宏大"的事件（维克瑞，2007：19；罗什，2000），比如巴塞罗那的奥林匹克运动会或格拉斯哥的欧洲文化之都；其次，建设标志性的建筑、雕塑或工程形态来刺激当地经济，比如，毕尔巴鄂、伦敦或盖茨黑德等地（加西亚，2004；麦圭根，2004；维克瑞，2007：19）。维克瑞将这种趋势视为格雷所指的"政策附件"（格雷，2002），其中，来自文化资源的资金需求由心中的城市复兴目标来决定，反过来，源于复兴资源的资金需求也有文化政策的弦外之音（赫斯蒙德霍和普拉特，2005；格雷，2002）。的确，根据文化经济研究所展开的美学叙述探究发现，现在很难找到某个重要的基建设施或建筑项目是不带有"文化"元素的。

已经有很重要的"里程碑"式事件和范例作为复兴和发展的"最佳案例"。政策从美国到英国的转移是基于巴尔的摩复兴模式的发展。"巴尔的摩复兴模式"，指将城市文化空间用于休闲、娱乐和消费（斯蒂芬森，2003），在整个20世纪80年代引发了中央政府部门政策探讨的轩然大波（荷维森，1995），同时也激发了当地权威机构娱乐圈人士的兴趣，借此建立起可供选择的议程来抵消中央政府的经济政策（奎勒，1999）。格拉斯哥的1990"欧洲文化之都"同样也是举足轻重的大事件，反映了跨欧洲文化政策的融合，其中有节日的形式，伴随着各种可见于美国的消费引领的文化发展，另外，也可见一些新的城市文化的用途。格拉斯哥是城市复兴项目的重要部分，其欧洲文化之都的地位及其作为文化兴市政策的典范被广泛认可（伯纳姆，2009；理查兹和威尔逊，2004；布思和波义耳 1993）。格拉斯哥案例为政策制定者提供了一些全新的艺术文化的可能性，一时间一些备受瞩目的智囊团和咨询师都给出了相似的分析。兰德瑞（2000）和佛罗里达（2002）分析指出，城市可以通过改善其文化供给，将某些特定种类所需的工作人员吸引进来参与信息经济时代的竞争（卡斯特，1996）。这个案例与发表的一个颇具影响力的评估和研究项目的成功叙述紧密联系在一起（麦耶斯考夫，1990；约翰逊转引，2009），这同时也是一个长期的咨询和研究的一部分，合理地使得一个帝国城市向一个富有创造性工作的城市转变（约翰逊，2009）。社会科学证据的提供，且不论其质量如何，都会证明城市政策制定的环境对于创设文化政策、利用合理性的必要作用。发源于欧洲文化城市"欧洲文化之都"这一项目的利用，最终将在这些方面窥见一斑，这一项目将乌托邦式的文化转型叙述和像格拉斯哥这样的社会与经济成功的城市的社会科学证明力结合起来了。

5.2　探讨欧洲文化之都

由文化节所带来的可能性作为城市转型的催化剂于1990年被格拉斯哥确立起来（理查兹和威尔逊，2004；布什和波义耳，1993；加西亚，2004；加西亚，2005），那时候这座城市正努力发展其文化基建设施和旅游业，并重塑全新的去工业化形象。格拉斯哥的成功对推进英国国内乃至整个欧洲文化指引下的复兴具有高度影响力，尽管其成功叙述的影响（受穆尼的质疑[2004]）与其他政策和惯例的发展并行不悖。

"欧洲文化之都"项目是一个重大事件（罗什，2000），近年来对欧洲城市文化政策的重要性日益突出，以至于理查兹（2000）将这一项目比作"文化武器竞赛中的战略性武器"，并将其视为推动欧洲城市文化指引下复兴的必要工具（伊万斯2001）。

帕尔默/瑞伊（2004）的著作，即受欧盟委托而编著的1995至2004年间欧洲文化之都概览，以及理查兹（2000）的欧洲文化之都历史综述，作为一种旅游业策略手段，概述了之前欧洲文化之都的利用情况和宗旨，这两大著作都认为原初的欧洲文化之都或者说"文化城市"（因为"欧洲文化之都"

这一名称是在1985年才初步确定下来）的发展动力，是源于欧洲文化与欧洲经济共同体当时的经贸和科技协同发展的关系（帕尔默/瑞伊，2004）。在1985至1989年第一次大浪潮中，"文化城市"这一名称是附属于具有欧洲文化重要性的传统城市，其中"标准"的文化城市包括雅典（1985），柏林（1988）和巴黎（1989），这些城市举办的节日实际上是仅限于艺术项目（理查兹，2000）。直到1990年格拉斯哥被评为欧洲文化之都时，"文化城市"的使用才从其最初的宗旨有所发展，其最初的宗旨为：

> 组织一个文化事件项目，突出展现城市本土文化及其文化传统和普通文化传统意义上的地区，还包括来自其他有意向长期合作的欧洲国家的文化活动的相关人士（帕尔默/瑞伊，2004：42）。

"文化城市"开始转变成帕尔默/瑞伊所描述的"作为城市变化的催化剂，并着眼于在一定规模上提供史无前例的机遇的文化发展的有力工具"。

20世纪80年代举办"欧洲文化之都"项目的城市基于各自的文化观念展现出各种不同的宗旨，但格拉斯哥是首个将这种文化庆典视为城市转型、城市基建设施发展、旅游业振兴的一个机遇，以及改变其相对多变印象的一种尝试（理查兹，2000；加西亚，2005）。因此，紧随格拉斯哥之后的举办城市通常带着明确的经济目的展现出城市发展的势头（帕尔默/瑞伊，2004；麦圭根，2005）。这些"欧洲文化之都"在更大范围内"非文化"城市项目的特殊用途，通过塞萨洛尼基（德弗勒和拉布里安尼德斯，2005）项目、鹿特丹市（理查兹和威尔逊，2004）以及赫尔辛基（海基伦，2000）的评价性研究得以凸显，这些城市的做法都是对公认的1990年格拉斯哥年"成功"案例的援引。

然而，对"欧洲文化之都"这一项目并不是不加批判地庆祝，而是对这一项目的影响及其根源证据的质疑随处可见。其中最为严苛的评价（例如，麦圭根，2005；穆尼，2004）将这样一种节庆仪式视为新自由式城市复兴的舆论和欧洲文化之都项目"排外性"本质评价的构建。事实上，麦圭根在他的当代文化政策导读中包括对欧洲文化之都的"用途"就明确指明："当今文化政策的首要原则是从竞争力和复兴方面考量经济，其次是从社会方面对排外性和贫穷状况的难以置信的辩解"（麦圭根，2005：238）。这样的判断是基于穆尼（2004）和琼斯以及威尔克斯·希格（2004）的著作，他们特别关注举办"欧洲文化之都"项目所带来的各种各样的影响（分别在格拉斯哥和利物浦），并试图引起人们关注文化观念所受的挑衅，以及空间和地方的"不当"叙述从官方话语中消除的现象。类似地，安德森和霍尔登（2008：148）利用德鲁士安理论质疑2008年"欧洲文化之都"项目确立起来的利物浦的"品质"。围绕与"当地"文化相对的大众空间的复兴和更新所产生的疑虑，是伊万斯（2003）的复兴项目、文化政策以及诸如"欧洲文化之都"这样的节日仪式与现存当地文化之间冲突的概述的主要特征。

　　"欧洲文化之都"项目所受的批评是关于利用文化实现城市发展的更广泛的怀疑论调的一部分。关于成功城市的品牌化、城市基建设施的发展、市政的更新等更为广泛的叙述无不饱受争议，同时也有人质疑其实际影响（例如祖金，1998）、其理念设想（例如麦圭根，2005）以及其支撑性证据（例如格雷，2006；迈尔斯和帕蒂森，2005）。对于像祖金这样的批评家，写到关于美国城市转型经验，他认为成功案例的叙述实际上是绅士化的叙述，以置换城市中涉足艺术和文化产业的人员为代价（更强烈的批判性意见可见史密斯[1996]）。对麦圭根而言（2005），城市文化政策是以共享城市空间、扩展排外的绅士化趋势为代价，从而提升城市利益（相似的批评意见曾由迈尔斯做出[2005]）。最终，许多作家，其中包括对于文化指引下的复兴支持者和持怀疑者，针对宣称成功案例的实际证据展开了讨论，其中有些人表示政策的制定只是通过公众额外的支出创设了适于消费（迈尔斯，2010）和社会操控（科尔曼，2004）的空间。

对于文化指引下复兴的影响存在的质疑，很可能在诸如格拉斯哥和利物浦等地的背景下才显得尤为重要。因为那些成功的案例被政策和文化精英广为宣扬。假如利用文化政策实现城市发展的证据证明，所有那些在英国城市投资和文化策略的"黄金年代"（荷维森，2011）的城市，所受异议众多，并且困难重重，正如克莱夫·格雷（2006：107）所指出的：

> 比如，用什么办法可以体现公园和时装对社会内涵的目标起到了积极的可识别的作用，更不用说个人关系和共享记忆所作出的贡献了。如果不是直接通过非计划的政策干预的结果，这些影响的存在是可能的，但是识别所涉及的因果机制以及它们起作用的准确方式是极其复杂的分析过程，而不能简单地通过假设、建模或是测量来解决。

因此，文化在城市背景下的不同用途的影响，通常在全球截然不同的城市中被认为关乎信念（伊万斯，2005；斯蒂芬森，2004；维克瑞，2007）。然而，利物浦2008年度"欧洲文化之都"，连同其相关的研究项目——"08影响"，似乎恰好提供了文化引领复兴浪潮中所缺失的有力证据。

5.3　利物浦的情境化

对于一个"成功的"当地文化政策案例而言，利物浦可能是一个不同寻常的选择。在2008年"欧洲文化之都"项目竞标前，利物浦因举办重大活动，市议会见证了高调的文化事件以及当地的文化策略的错乱和失败而声名狼藉（奥布莱恩和迈尔斯，2010；奥布莱恩，2010；比安基尼和帕金森，

1993）。尽管当地文化部门的实力不可小觑（而且持久）（朗莫尔，2006；LCC，2003），这座城市也没有在争取举办2008年"欧洲文化之都"项目竞争中被视作"先驱"（奥布莱恩和迈尔斯，2010）。相比之下，纽卡斯尔和盖茨黑德却早已凭借其文化规划方面的高效性和竞争力而闻名遐迩（明顿，2003），并且连续在2002年末至2003年被广大公众和姊妹城市视为最喜爱的城市。

利物浦的确有着牢固的文化基础设施，并且在英国（乃至全球）大众文化中扮演着重要角色。利物浦前任角色在英国帝制下所衍生的财富给这个投资文化的城市留下了永续的遗产。大多数建于18世纪和19世纪的基础设施反映出对于改善市民生活的持久关注（以及对于潜在的营利性文化机构的投资[朗莫尔，2006]）。利物浦成为创办多种文化机构首屈一指的维多利亚城市之一，这些文化机构包括1810年建立的利物浦艺术学院、1840年成立的皇家利物浦交响乐团协会——世界上成立最早的古典音乐会组织之一、1853年建立的威廉姆·布朗博物馆，以及1877年建立的漫步者艺术美术馆。事实上，临近20世纪20年代时，利物浦公司（成立于1974年，市议会的前身）正在从当地税收中为漫步者藏品集资，充分反映出该市在提升文化上的热情和作用。

该市有一种"独特"的文化（贝尔彻姆，2000）。这源于城市的宏伟、建筑的折中主义、种族多样性和艺术成就的特殊混合。这样一种混合同该市在整个20世纪中灾难性衰落的大背景格格不入，在这一灾难性衰落的过程中，它曾在英国扮演的不可或缺的角色最终因为其战后经济和人口的暴跌而消失殆尽，沦为最为残酷的卑微的城市典型（博兰，2008；威尔克斯·希格，2003）。

杜·诺耶尔（2002：5）曾将利物浦描述成"其本身深深地与世隔绝，

本质上却是对外开放的"。这种与世隔绝的封闭，是表达自身基于对外港口的"航海世界主义"（贝尔彻姆，2000：XII）的一种深层次社会感（里德，2009）。这种社会感在利物浦的社会艺术活动中有一定影响力，比如，位于由港口引入的宏伟的维多利亚建筑中的布莱基（盖瑟科尔，2007）。该港口在形成音乐文化方面也同样意义重大，或许它是利物浦文化生活中最重要的一方面。因为该港口的存在，利物浦发展充满活力的夜生活来取悦那些过往于此的旅客，同时此处还是跨文化交际，尤其是吉他演奏流行音乐的要址（杜·诺耶尔，2002：208）。娱乐在该市扮演的角色催生大量的夜总会和酒吧，而这一传统为此后该市20世纪90年代舞曲行业的发展奠定了坚实的基础（杜·诺耶尔，2002）。在跨越大西洋的美国和利物浦之间音乐传统的交际方面，从比利·弗里20世纪50年代后期的摇滚乐，到披头士乐队为西部文化所做出的重要贡献，再到近来的棚屋乐队和科拉尔乐队对亚瑟·李和洛夫迷幻音乐的继承和发扬，都逐渐成为利物浦当代文化的典型特征，该市在音乐创造方面的美名一如既往地卓著显赫。

但这也并不是说利物浦的影响力和文化生产力就仅局限于音乐上了。当披头士乐队和"默西河诗人"（布莱恩·帕滕、罗杰·麦高、安德里安·亨利）正努力证明其在20世纪60年代后期"流行"诗歌（鲍文，1999）浪潮中不可小觑的影响力时，该市的两支足球俱乐部已经开始为战后英国赛的成功设立标准了。当埃弗顿在20世纪60年代和80年代小有成就的时候，利物浦足球俱乐部正逐步跃升为英国足球史上最成功的俱乐部，并且通过战术策略方面（威尔逊，2008）的创新，史无前例地赢得了五届欧洲杯的冠军，对英国足坛产生了深远影响。这两大俱乐部的球迷文化也相互影响，其中包括20世纪80年代的球迷杂志运动（杜·诺耶尔，2002：196），以及将基于欧洲运动装的"休闲"装引入露台和大街等场合（荷维森，2008）。

　　随着当地的足球迷的自我表达对当代的流行文化产生影响，利物浦实则在英国乃至全球的艺术领域也占据着重要地位。泰特利物浦美术馆，这座位于英国北部的美术馆建筑，于1988年开放，其中储藏着部分世界级的藏品（比格斯，2007）。10年后，当英国艺术已经在英国主流文化中占据一席之地时，利物浦双年展在1998年正式确立下来，并在1999年进行了第一次展览，一展当时利物浦、英国国内乃至全球的艺术品风采。

5.4　理解2008年的目标

　　构成利物浦城市政策的文化环境在一种复杂和矛盾交织的条件下，通过角逐2008年"欧洲文化之都"的美誉来展示自身。利物浦2008年"欧洲文化之都"项目的申办有几个目的。在着手申办"欧洲文化之都"的2001年和成功受封为"欧洲文化之都"的2003年这三年间，城市的管理是错综复杂的，大量政府、非政府、民间组织和商务利益掺杂其中。该市是从政府治理到管理变革的典型案例，尽管这一变革是受到英国的长期等级化管理的深远影响所致（戴维斯，2004）。在20世纪80年代，中央政府已经开始尝试改善该地长期衰落的局面（威尔克斯·希格，2003），并且已经采取了各种干预手段来应对这些问题的恶化（库奇，2003）。与政府干预相配合的，还有当地的商务部门在成立商务创意产业方面所做出的努力，同时这些尝试也得到了欧盟以及城市发展过程中各种基层民间组织的资金支持（库奇，2003）。因此，在申办2008年"欧洲文化之都"项目的过程中，遭遇到互补却又互相矛盾的议程的情况是不无可能的。

　　最值得关注的其实是重塑该市的目的（琼斯和威尔克斯·希格，

文化政策

2004）。利物浦的形象在英国其他各处人们的眼中基本上是令人厌恶的。尽管利物浦的确有一定的国际声望，尤其是在引进文化观光方面，几乎没有基础来利用旅游设施，因为缺少服务能力，并且当地市政府对文化政策长期持怀疑态度。确实，引用奥布赖恩和迈尔斯的一次访谈，他们自20世纪80年代至90年代一直在当地一所高端艺术机构工作，他们概括出了当地政府和文化政策之间在欧洲光纤通讯展览会竞价之前糟糕的关系：

> 我并没有很真切地感受到"文化政策"，而且老实说，整个20世纪90年代议会都没有好好制定过文化议程，我相信总有人既是议会议员，同时也是文化督查，他们有一定程度的文化投资并且热衷于寻找其他发展文化的方式，但是，我认为，这是一条太漫长的路。

为城市更名，作为对文化政策的一项新承诺，遵循着它之前在利物浦管辖结构之内的周边位置，同时运行着好几个其他政策目标。已经有好几个城市通过基础建筑和发展实现了复兴。这只是利物浦视野里的一部分，该视野是政府创办的城市复兴中心公司。这是一个长达十年计划的工程，将以利物浦一期建设告终，利物浦一期建设是位于市中心的一个巨型商贸中心。紧靠这里的是当地经济的重建，从而刺激以服务业为主题的旅游经济以及创新型产业。伴随着潜在的经济冲击，还存在着一定程度的社会冲击，它建立在复兴工程的基础上，从一个20世纪90年代城郊地区浮现出的艺术交流项目发展而来。最终，不可否认当地文化对利物浦在全球文化中所占地位的重要性。休·伍德沃德，竞标小组的成员，在对所有标书进行评价后，宣布利物浦成为2008年举办欧洲光纤通讯展览会的城市：

> 利物浦绝不会回头，它绝不会倒退回以前的样子，2008年将是改变命运的一年。我们的文化项目包括许多世界第一。这座城市将得到实质性的改变，人们对西北地区的看法也会改变，那里将产生新的工作机

会，吸引投资、游客以及实现真实的交流目的。

5.5 重建成就：2008年发生了什么？

伍德沃德的评论反映了重要的文化节日对政策和地方都有催化作用。这一叙述将在英国文化政策里继续产生广泛的影响，并且尝试为城市政策和文化政策的研究提供跨欧洲，甚至全球性的典范。促使2008年展览会和利物浦使用欧洲光纤通讯展览会的叙述基础是什么呢？

关于2008年发生了什么，官方给出了三种信息源，以及大量的学术论文。第一种是由西北区域发展局作的评估报告，也就是利物浦2008"欧洲文化之都"管理本身的一部分。第二种来源于文化公司，作为组织者，它与利物浦城市委员会密切相关，它的成立也是为了使2008年井然有序。第三种来源于2008年影响研究，它是基于利物浦大学和利物浦约翰摩尔斯大学的一项五年研究项目。这是一项学校的研究项目，旨在鉴别2008年"欧洲文化之都"的"利物浦之年"的"多种影响"，并组建五个调查小组：文化访问和参与、经济和观光、文化活力和可持续性、想象和感知、控制和运载过程小组。

西北区域发展局的报告包含了当年的大量数据，而这些数据则是一个好兆头。它评价道，在这7 000宗案例中，包括了1万名艺术家、1 500万名文化旅行者、超过8亿英镑的经济收入，利物浦70%的市民都加入了参观队伍中，而当地学校有67 000名儿童以多种方式加入其中。西北区域发展局暗示截至2008年，随着酒店数量的增多，大量首次观光游客涌入这座城市，媒体大范围覆盖，无处不在地显示着城市的改善，因此，社会、经济、文化将会得到充分发展。

当年的评论家们（例如柏兰德，2008）主要关注利益的地区分布不均衡，就拿格拉斯哥来说（穆尼，2004），文化所呈现出的问题是由谁、以何种方式构成，这在后面的章节里是个非常重要的问题，但目前还是足以证明西北区域发展局所做的陈述肯定包含了那一年。这在我们对那年公众音乐会的评价里可以看到。

> 开场大典是我人生中最棒的体验之一：它让你回忆起你这座城市的骄傲；它是一次挑战；它是一场重申；它被认为是刺激的；它是万能的。

它也得到了来自 3 500 个社区,包括 4 万名参与人员的阐释，他们是"08年的成功普及到社区的各个角落"言论的基础，而且申请举办欧洲光纤通讯展览会作为当年一件大事,对整个城市的精神面貌也有好处。

> 总体来看，文化资本项目对精神面貌有相当大的积极作用；消极因素和阻力仅出现在当社区人们感觉他们没有被考虑进计划范围内的时候。没有人民，利物浦的文化也不存在，因此无论在任何阶段都要将他们考虑在内。

这个大部分由"08之年影响"学术评价支撑。这项工作显示了让群众当监督员，将他们当主体的一部分考虑在内将给他们带来什么样的感受，以及城市里的文化聚集地，如何与各社区的文化活动联系在一起。而"08之年影响"显示了与西北区域发展局部分报告相似的数据，两份报告的重叠部分显示，对文化政策里质量和管理地位证据的传统评价在这里并不成立。"08之年影响"的工作范围远超西北区域发展局，它会对当地人口的经历、经济方面应采用的方法、当年的计划、对周边的影响以及艺术家们在当年的作用，进行更加深入的细节调查。

艺术社区高度评价了欧洲光纤通讯展览会帮助提升利物浦这座城市,以及当地艺术、文化及其成员在海内外的形象。既是作为对第4章中讨论文化劳动力极具重要性的一项网络工作,又是作为一种职业,艺术家们采访了已被肯定的欧洲光纤通讯展览会。然而,在2008年之后的集资及前途方面有些问题。确实,格拉斯哥所经历的文学评论引发了一系列问题,例如文化节的主要活动结束之后,文化资金的延续性等。这是相当重要的,因为在西方国家,全球经济危机会对文化资金带来很严重的冲击。

5.6   2008年的治理

在本章前面提到"2008欧洲文化之都"是一项公共政策如何从统治转向治理的例子。成功的叙述与此密切相关,而且地区继此之后也表明将会在城市里设立治理机构。抛开缺乏文化计划的长期性评价,在2002年3月期间利物浦欧洲光纤通讯展览会标书计划,将主要的利益相关者从各个不同的区域以及不同范围聚集在一起,包括艺术、遗产、旅游、财产发展、当地社团、志愿者队伍、当地足球俱乐部以及类似于刑警、火警、健康服务机构等法定机构。所有的这些利益相关者们都是"2008欧洲文化之都"主要政策主导的联合。

标书是由一个核心团体着手的,这个团体的每位成员都是利物浦城市议会的议员,他们成功地将欧洲光纤通讯展览会周边权利组合在一起。该联盟类似于科克兰提到的为曼彻斯特投标奥运会、英联邦运动会的形式。

利物浦最初的标书有一点没有改动,那就是LCC文化公司开始接管负责2008项目之后,城市政治机构与艺术文化区域之间明确的合作关系。共同关注"2008欧洲文化之都"意味着，那些因为竞标而聚集在一起的机构组织，在2003年利物浦竞标"2008欧洲文化之都"成功之后很轻易撤销，因为他们的共同目标已经实现。因此，竞标阶段可以说是以文化大融合为特色的，虽然只是一个竞标，但这已然是大家共同的兴趣了。

不断变化的政治环境，从竞标到结束，高度影响着2008年之前促进城市文化发展计划治理形式的形成。继2003年6月竞标成功之后，LCC以及处于起步阶段的利物浦文化公司效率最高、效果最佳地完成"2008欧洲文化之都"面临的一系列政治困境。

为了满足利物浦欧洲光纤通讯展览会的形势需要，利物浦文化公司进行了改革。起初，文化公司只是一个有限责任公司，与海外董事会一同操作运营。然而，最初公司里存在一系列的矛盾结构，引发了一些管理问题。之后，文化公司重新任命了人事，职员里有些还同时在LCC任职，涵盖了娱乐服务部、儿童服务部、议会交流与媒体宣传部。所有这些员工实际上都在LCC工作，看似与文化公司的属性相矛盾，但其实有助于保持当地的管理水平。文化公司在2004年第一任总裁辞职后便受到LCC的有效管理了，部分组织也得到了重造。

虽然文化公司机构重组有一定的合理性，勉强维持了一年的正常的运行，因为受到了强有力的赞助（面临媒体和政府对LCC所表现的能力问题），但是，文化公司混乱状况的根本原因是文化政策管理联盟的解体，以及2008建设期间文化政策嵌入利物浦管理的失败。这一建设引来了多方面的批评，有的是学术界担心"2008欧洲文化之都"对城市选择性艺术和文化基础设施的影响（琼斯和威尔金斯–黑格，2004），有的是各种项目的消极报道，包括活动取消和人员辞职，以及赞助商对消极报道（奥布赖恩，2008）和当地政治分歧的担忧。

文化公司董事会列举了同 2008 年组建管理相关的问题，该董事会的地位和规模受到几个一直混乱不堪的重组机构的制约。因竞标而出现的热忱败给了资金、调控、项目及组织结构方面的现实政治问题，组织结构允许文化政策通过带来一批人员，为实现"2008 欧洲文化之都"项目所需的独特资源来发挥作用。由于文化公司以前的重组还存在，为"2008 欧洲文化之都"而聚合的联盟并不能持久。

总而言之，董事会进展的困惑和文化公司发展的混乱都意味着联盟不可能持续到 2008 年，尤其是艺术与文化机构，常常与 LCC 发生矛盾，特别是 2006 年中期。一所艺术与文化机构的前任领导总结了 2008 年前的许多批评意见：

> 出发点是用另一种文化基础设施从根本上代替现有的文化结构，以实现一种完全不同的文化项目，那样文化机构将永不会消失。因此，现如今又回到原出发点了，就像我和其他人一起说的那样，你需要通过文化机构来引导它，因为我们有资源、有网络、有专业知识等。好吧，我们将要做些稍微不一样但又存在的事情了。但有人又认为它并不存在。你永远不会那样做运动，你永远不会说你知道，你永远不会攻击利物浦，而且你永远不会说"其实我们准备尝试的，其实我们真的想要创造出一种不同的俱乐部，因为利物浦是热情的红，而埃弗顿是低调的蓝"。所以你知道，这太荒谬了。但它就是那样。

2008 年初期准备阶段的一些问题由于一系列因素得到了改善，其中包括文化节的推出计划。然而，也可能利用利物浦说明治理争论是一个有用的手段，这在第 2 章提到过。戴维斯（2004）的元治理的理念在这里极其重要，它作为新工党对当地政权的改革，尤其是对那些旨在改良的人群，考威尔和马丁（2003：159）称他们为"联合政府和全面的服务群体"，是全英国尤其是利物浦跨域工作的新形式。2000 年，当地政府法案是中央政府为了培养法定服务（例如刑警、火警、健康服务）、志愿者团体、地方当局和当地商贸之间更紧密的关系而做出的努力。它通过在 2008 年下半年提供一个对话合作论坛来帮助组建一个政务网，这次不是为了成功竞标"2008 欧洲文化之都"这个单一的控制目标，因为它已经是 2002 年 3 月份初期文化战略试验的一个案例。当地政府法案的管理手段已经被直接选举的市长所取代，取消了地区性的管理和 2010 年选举成立的联合政府领导下的城市经济发展伙伴关系，但它为利物浦文化管理的出现提供了建构基础。

5.7 管理和艺术文化部

艺术与文化部，与"利物浦视线"等重组机构一起构成了替代领导地位的一部分，因成功举办"2008 欧洲文化之都"填补了利物浦城市议会的空缺，填补了当年缺乏的艺术总监，接着开展了 2008 年之后的文化战略工作。从 2007 年底到迄今为止，艺术文化部在倡导和实施利物浦文化计划方面非常积极。按照传统，利物浦的艺术文化部被游客们贴上了资金以及艺术特长的标签，尤其在 1991 年最早的艺术社团——默西塞德郡艺术团被废除之后的艺术资金"管理下降"时期。然而，利物浦文化政策不断进行的"自制化"极有可能是因为文化公司作为投资者、政策制定者以及为 2008 年提供艺术总监的这些身份，播下城市文化政策网络调整的种子。2006 年 7 月，有关艺术总监罗宾·阿彻辞职的争论使得主要的艺术文化机构召开了一个核心会议，最初作为院外集团来运行，然后形成围绕利物浦文化政策的政策制定网络的一部分。

利物浦艺术再生财团的创设是艺术家及文化精英们如何进入管理领域的最好例子。该财团呈现了一个对2008竞标结束后利物浦文化管理的感知失败，以及LCC政府和文化公司明显缺席的创造性解决方法。该财团旗下有利物浦城"八大"艺术文化机构，即利物浦国家博物馆、泰特利物浦美术馆、普通人和剧场剧院、FACT、布鲁科特公司、利物浦皇家交响乐、团结剧院和利物浦双年展。通过帮助将由成员发展起来的2008项目与作为替代艺术总监空缺的文化公司计划结合起来，该财团与文化公司建立起了一个有效而宽松的公私合作伙伴关系，既是为了2008年的项目，也是为了利物浦后续文化计划的实施，类似于贝里奇（1996）所分析的一些手段。的确，财团各机构的核心职员在文化公司内占有极大比例，尤其是迈克尔·埃利奥特——交响乐后来的行政长官，成为了文化公司的文化分会副主任。实际上，艺术机构们以财团的形式，填补了LCC的政策制定所带来的缺口，从2008项目共谋到控制。截至2009年，财团发展了相关的政策战略以及专业知识的研究，尤其是由英格兰艺术委员会制定的作为LCC文化政策不确定元素的补充的发展计划。LCC和利物浦一队、利物浦艺术再生财团在2010年关系持续密切，因为财团发展了它作为利物浦文化发展机构的领导地位。这暗示了研究概述的文化政策管理的另一条备用通道，尤其是在促进和管理文化政策方面没有强大背景的地区。

截至2008年，利物浦的政策制定和文化精英之间的传统距离已经改变。利物浦的艺术文化精英们已经不在城市政治决定范围内了。竞标和举办欧洲光纤通讯展览会在一个几乎没有举办过重要文化活动的城市，为文化部成为重要领导角色创造了机会。城市里的精英机构最初是与董事会共谋文化导向的重组，在利物浦2008项目中隐性与明确性并存，到后来，这些机构则变成了通过文化政策来衡量或者控制它们。将过多的权力归因于利物浦的艺术文化精英们似乎有些夸大。但是，现在主要的文化机构在利物浦都有了自己重要的地位，这个地位通过承诺2008年成功嵌入当地政治的文化政策来增强（加西亚等，2010）。

5.8　成功的限制

利物浦的治理叙述通过高明的政策制定给我们讲了一个故事。然而，如上所述（柏兰德，2008），那些批判性的言论持续不断地挑战它。除了文化呈现出的问题以及对中产阶级化的职责之外，还有反事实的问题。似乎没有欧洲光纤通讯展览会，那一年就不会发生那么大的变化。但其实很难知道，作为缺乏反事实叙述的结果，那年的投资是否真的具有经济效益。重组用的40亿英镑，据说是"2008欧洲文化之都"项目资金的一部分，这在其他政府或是民间投资中都是很难实现的一笔数目（奥布赖恩和考克斯，2012）。有一个关于文化传统适当地嵌入城市内的程度问题。为什么要用一个重要的欧洲节日来说服城市里政策界的文化价值呢？而且，进一步说，作为文化我们又能理解些什么？重要的商贸发展与作为一种生活方式、聚会以及美学对文化有更广阔的理解相一致，但这既不是与文化政策传统相关的领域，也不是欧盟欧洲光纤通讯展览会目标概述的一部分。实际上，建造一个新的购物区是人们为这座城市建立商标这种身份商品化的一个广义隐喻。最终结果是，利物浦的许多地方亟需重建，依然面临着方方面面比较严重的社会问题。比如，失业问题、受教育程度偏低、严重的健康问题。而"2008欧洲文化之都"对这些结构性问题即便有任何影响，其程度也是非常值得怀疑的。

也许它对创意行业的影响是最有问题的。琼斯和威尔克斯·希格

（2004：350）注意到"2008欧洲文化之都"对文化的理解方式很大程度上围绕着经济：

> 获取利物浦竞标依据的基本理论的最佳地方并不在竞标文件本身，而在利物浦市政厅委托曼彻斯特环境资源管理服务机构ERM经济学的咨询报告中。该报告有一个结论：文化创意产业可以增加13 200个新的工作岗位。

琼斯和威尔克斯·希格（2004）曾总结道：城市再生项目可能会严重损害到这个城市维持创意经济的能力，特别是因为创意劳动贵族化，而第4章中提到的工种难以企及。卡佩尔（2013）的研究建立在此之上，表明了"2008欧洲文化之都"对包括广告业、手工业和设计业在内的创意工人的生活状况并无明显作用。随后，卡佩尔（2013：7）继续运用"08影响"这一项目来说明"对利物浦'2008欧洲文化之都'具体经验的最大的研究，并没有找出证据证明该城市内创意领域的整体增长"。鉴于英国国内创意产业的不平衡分布，我们当时极不可能期待受到主要的影响。然而，创意产业在市内"蓬勃发展"的观点却成为了政策制定者们用来描述城市成功的中心说辞："想想利物浦是如何受益于2008年成为欧洲文化中心。……创意产业领域内的工作岗位增加了一半。"（戴维·卡梅伦，2010，转引卡佩尔，2011）因此，虽然该观点还未成为结论性证据，但并不影响其成为城市发展文化政策采用的一个模型的一部分。

5.9　叙述"成功"？

如果说在利物浦对于成功的叙述可能是其最重要的遗产，特别是鉴于其对"英国文化之城（UKCC）"的巨大影响，那么理解为什么这样描述的原委就显得至关重要。这个问题不仅仅是关于2008年的成败之争，而更该是这样一个问题——解释为什么利物浦可能成功建造，解释这种成功带来的影响，以及它与那些用来揭示基于政策的证据制定恐惧的社会科学证据之间的关系。

利物浦在文化引导再生方面取得了成功，很大程度上来说这得益于ECoC的作为催化剂而非决定因素的作用。这种成功建立在利物浦现存的艺术基础设施（例如，比格斯和谢尔顿，2009），现存的国际声誉（例如，格伦伯格和尼弗顿，2007），以及欧洲和中央政府对于城市社会和经济剥离的反应（库奇，2003）。

利物浦的文化机构相对较为丰富，它有着利物浦国家博物馆来支撑其视觉艺术。该博物馆是英国唯一一座地址不在伦敦的国家级博物馆，如今遍布七个地址，其中包括两个专门的艺术馆。同时，该城市还受益于它所拥有的一个响当当的国家级艺术机构——泰特艺术馆。它本身就是20世纪80年代利物浦港口码头再生项目的一部分（威廉斯，2004）。悠久的视觉艺术史也反映了一个主要的艺术流派的长期存在，反映了20世纪初蓝衣作为艺术中心的兴起，也反映了这座城市内的一种独立的视觉艺术贡献的良好发展（比格斯和谢尔顿，2009）。虽然三大剧院中，大众剧院、剧场剧院这两个挨着市交响乐团——利物浦皇家爱乐协会的剧院在20世纪末遭受过严重的财务危机，但是这座城市在表演艺术方面依然极具代表性。文化基础设施的财富在保障"2008欧洲文化之都"对于利物浦的地位方面至关重要，无论是对游客的潜在贡献，还是对于项目本身的管理和交付方面，都确保了那年的成功（奥布赖恩，2011）。

利物浦的声誉和地位反映出其相对于英国和欧洲其他有着相似地位的城

市的竞争优势。虽然利物浦在国内的声誉和品牌非常不足（加西亚等，2010；博兰，2008），但是对于国际游客来讲，它还是有很多地方有着重要参考价值的：利物浦足球俱乐部（5次欧冠）、英国（由此也是全球）帝国史中建筑和历史的重要地位（贝尔彻姆，2006），以及众多影响深远的乐队和音乐家，尤其是（但远不止）甲壳虫乐队。因此，利物浦一开始就是一个老套但强大的国际品牌，能够吸引游客和潜在的投资者。

不只是利物浦享有的国际声誉，还有其市内社会和经济剥离的影响，想要一个更好的说法的话就是占据地利、天时。在地利方面，利物浦受到中央地方政府广泛的关注（科克斯，2009），各种机构的资金支持，出于目的不一，但都侧重于削弱曾经在20世纪80年代大肆笼罩城市的社会和经济剥离的巨大程度（威尔克斯·希格，2003）。利物浦被欧盟授予第一优惠地位，从1994年到2008年，这为该地区带来14亿英镑收入。其中大部分都投到了"2008欧洲文化之都"展示的基础设施中（库奇，2003）。欧盟的第一优惠项目为政府到多层级管理的迈进做了深刻剖析。默西赛德郡获得的第一优惠地位对利物浦产生了深远的影响。获得欧盟的这一授予是由于该地区的人均GDP走势趋向于低于欧盟平均水平的75%（默登，2006：473），第一优惠财政资助包含有一个14亿英镑的一揽子计划，用于为期10年的逐步使用（库奇，2003）。其核心在于，第一优惠的管理需要该地区机构的合作来促进财政投标（米根，2003），并且与英国中央政府的"城市挑战"行动一样，这也是LCC在20世纪90年代迈向自身融入利物浦"多层级管理"当中进程的一部分（库奇，2003）。

利物浦之前在这种基础设施开发方面是落后于英国北部的其他城市的，而私有领域的投资将这一欠发达的城市视为一个机遇。这种基础设施开发和这些投资相辅相成；其中投资最多的是由格罗夫纳不动产集团提供的10亿英镑的"利物浦One"开发项目。

最终，在世界经济衰退和西方国家房地产行业长期繁荣终止的前夕，2008年利物浦"2008欧洲文化之都"展会开幕了。"2008欧洲文化之都"的时间选择在洛夫林（2009）作出"我们知道的计划的终结"的说法之前，意味着这个文化主导再生项目不仅在经济上可行，鉴于以上所讨论的，还可能成功，因为这座城市有艺术和文化基础。

5.10   将利物浦树立为地方文化政策的模范

对于努力叙述利物浦的文化的问题，比尔·德拉蒙德（2008：223）生动地将其概括为"到了编织自己的神话时，利物浦对事实变得漠不关心"。对于2008年"欧洲文化之都"展会的描述面临着同样的问题。先前的部分表明通过强有力的大学主导的研究，细致展示的成功被政策制定者接管了。政策制定者的叙述很适合文化政策的乌托邦式的承诺，但却偏离了所有学术作品中包含的细则。这种对成功的叙述建立在一种信任之上，而这种信任源于证明成功的社会研究的科学地位。同时该叙述为英国政府后续复制利物浦城市文化政策的努力奠定了基础。这样的复制也将会采取类似于德拉蒙德对一个极力叙述自己传奇的城市所描述时采用的那种神话形式。

英国文化城市（UKCC）项目后来在2013年授予了德里/伦敦德里。而该项目由布拉德肖——后来的文化、媒体和体育大臣于2009年7月正式宣布成立。UKCC曾试图为一个地理环绕的文化节日建立一个国家备忘录和一个持续的叙述，很明显这是建立在"利物浦2008"的基础之上。UKCC事务委员会的报告（DCMS，2009b）开头就是利物浦"欧洲文化之都"展会的"五个主要经验"。这五个经验使得中央政府对于多种再生影响的叙述成型，这种影响是利物浦感觉要展览的，他们包括（DCMS 2009a）："经济利益……（尤其与游客经济密切相关）"；相对非常含糊的"将文化置于中心舞台带来的更广泛的间接利益"；从"文化对……公众服务的贡献，尤其是教育和卫生的贡献"来看，可称作社会影响；在"创造与技能、新的工作岗位和教育密切相关的强大的文化基地"方面的一种佛罗里达式投资/岗位增长概念；以及一个承诺增加政策干预的证据基石，从而通过"……（获取）聚焦在英国其他城市和持续基地的利益"实现所有这些影响。

这些经验为了整个UKCC项目而被译入到了事务委员会的报告中，并且成为了一套15个目标，分列于三个不同的标题中："文化与艺术"、"社会"、"经济"（DCMS，2009b）。正式竞标框架的建设进一步整理了这些多种积极益处的预言，在一定程度上也整理了显示成功所要求的成就大小。两轮的竞标流程（"初始"及"全部和最终"时期）都要求竞标者回答他们寻求实现这些相关目标的变革有关的问题。

这些问题包括一些具体的要求：表明项目如何"提高社区粘合度"，"增加年轻人在培训、教育和工作方面的参与度"以及"促进……你们的旅游经济……和创意经济/领域"。此外，竞标者还被要求表明"你们竞选（在文化、社会和经济上）成为2013年英国文化城市所仰仗的地区恒久遗产中的关键成分"。同时，对竞标者提出的具体要求还有：要阐述他们如何"建造/关联"文化奥林匹克和格拉斯哥将于2014年对英联邦运动会的主办（DCMS，2009a）。

除了这些问题之外，"阶跃变化"变得对竞选过程也至关重要，这个概念指的是菲尔·雷德蒙德（2009）对于UKCC项目的愿景宣言。竞选者会被问到："英国文化城市会带来什么阶跃变化可以帮助到你们地区（确定基准定位和期望改变)?"(DCMS，2009a)。竞选指导的语气显示的是开放程度，能让竞选者自己确定他们感觉到的是一个或多个合适的"阶跃变化"，而用来选出一份候选名单并最终选出一个获胜者的评分体系则要求成功的城市：至少表现出一些在当地人口中的文化参与、社区粘合度、社会包容、创意文化领域的优势、旅游及相关开支、形象轮廓等方面的影响潜力；预测影响范围（并对该预测进行比较判断）；证明有可以实现这些的可用资源。这种方法认为投入（包括寻求的投资）和产出应该预先确定，而且任何更广泛意义的可测量结果都应是从一开始就可以确定的。

在长达一年的文化项目中，最令人头疼的是将UKCC奖视作离散并区别于其他活动，这远比这个"封闭"过程造成的很多内在问题严重得多。"08影响"研究的挑战之一就是努力弄清在2008年就包含超过7 000多个小活动的一项活动的效果（加西亚等，2010），但是新增加投资在不同国家的使用情况不尽相同。

当然，在任何社会科学研究内都很难确定一个直接的因果关系。在事务委员会对UKCC的报告上，却有一个利物浦"2008欧洲文化之都"和这个城市开发项目感知"成功"的因果关系。该报告不断引用利物浦文化公司的光纸印刷物《利物浦"2008欧洲文化之都：无与伦比的年度影响力"》（利物浦文化公司，2009）中的数据和经验。其中许多数据和观点很有用，但是却经常没有具体的语境和完整的解释。它与类似性质的描述并不相上下，但是明显更是为了其主张而设计。如此，也就是浮于说辞层面而非有力驱动之上。同样明确的是，"多方面影响"已经从学术或者可评估的竞技场通过"08影响"的研究被率先引入到利物浦，开始进入政策领域的承诺当中；这样一来，至少它已经变得部分地独立于真正的调查询问了。

如果说利物浦的神话对于政策制定者和时事评论员来说已经成为了公认

的事实、独立于任何现有证据或者真实写照的话，那么反映其影响的政策将努力采纳这种经验的真正实质是不可避免的。或许这种情况最糟糕的例子卷入到了宣称德里/伦敦德里会是2013年UKCC后的媒体讨论当中：

> 参与创造英国文化城市观的布鲁克赛德制片人菲尔·雷德蒙德曾说过这个头衔是一个"凝聚人群的徽章……这个头衔也是防切割的披风"，因为政府并没有投入任何现金。相反，受到利物浦成千上万的游客和对其"2008欧洲文化之都"大量良好宣传的鼓励，该计划主要这样说道："这是个精彩至极的地方。去那儿消费点儿吧！"。

带来必要宣传的是这个头衔本身，而不是利物浦通过许多直接间接的政府融资渠道可获得的一些重要的营销花费。这种表述显示出利物浦的故事转为纯粹的神话。可以肯定，在短期内，同时也许在长期内，创造"利物浦典范"的条件都不大可能再重复出现。"伦敦2012"、"格拉斯哥2014"，以及最近竞选主办2018年足球世界杯都表明了一种对地域环绕事件主导的再生的诉求。然而，倘若利物浦的成功有望贯穿于未来的再生政策，那么与复制"利物浦典范"失败密切关联的失望所带来的负面情况，可能会作为政策失败，或者可能是政策惨败的典型例子出现。

5.11 结论：社会科学和8亿英镑成功的故事

本章考虑文化政策在地方层面对于城市发展的作用。利物浦"2008欧洲文化之都"的案例分析，已经表明社会科学证据如何进入国家政策制定者采用的成功叙述，实现建构和联系地方的文化政策。这样一来，这就与本书的整体主题直接相关。虽然强调"利物浦2008"的成功，但是本章的分析致力于将这种成功放入相关背景语境化中，同时通过利物浦"2008欧洲文化之都"可对其他城市的可复制性提出怀疑。尤其重要的是，要意识到利物浦在对其描述方面已经具有高度影响力，是它成功的具体原因。

利物浦文化规划的整体定位符合网络监管的框架（罗兹，1997），虽然在创建约束政策制定者的周围环境方面，中央政府在重要性的认定上对其有所削弱。"2008欧洲文化之都"见证了许多跨领域机构一起规划、生产和管理文化。在这些对2008年主要项目传递很重要的机构中，有一个机构的一个面试者总结出为什么管理是一个适当的镜头，可以从中窥见利物浦的文化政策：

> 所有有关的机构，不按特定顺序排列如下：NWDA（西北地区发展局），在融资方面和确定西北地区想要的项目方面的主要选手；莫西合作集团，应当是其中一个主要选手；文化之都（利物浦文化公司）或者说是文化之都之尾，要知道无论到哪儿都是，因为我的理解是某种程度上，它回到了文化再生，所以这也意味着那是文化之都或者也是市政厅，因为很明显市政厅是所有这些中的另外一家主要选手；"利物浦视野"是另外一家涉及全部完成这些的潜在机构。对我来讲，关键是谁要去承担集聚这些机构在一起的重任，这样一来，我也不很清楚，（塔特）也没远离，而且在我们离开努力去做"马克II MTV奖"时，还同时在努力做"克里姆特"风格展览。而且，这些事情可能在所有的场地间分崩离析，就像"蜘蛛侠4"一样，它并不是在一个特定的场地，所以对于任何场地来讲，想要在那上面进行忽悠，以便这些需求只是降落在其他机构诸如TMP、西北地区发展局、文化之都、利物浦市政厅、视野，或者那些机构的身上会是很不自然的（奥布赖恩，2011：56）。

　　监管网络的本质告诉了我们很多现代政策传达的复杂性，无论是不是文化方面的。然而，监管理论的合适与否，绝不是从利用文化经验发展城市中可辨别出来的唯一说法。

　　对网络监管和文化政策典范树立的成功的传播,很大程度上归功于2008年各种评估的社会科学证据。关于横跨经济、社会和文化领域的多方面影响的"08影响"（加西亚等，2010）显示，"利物浦典范"已经在很大程度上推动着我们对文化引导再生本质的理解，虽然在这样一个文化政策领域中，争论喋喋不休，牢固的证据极度匮乏（塞尔伍德，2002；塞尔伍德，2010；司各特，2009；加洛韦 2008）。尽管它对文化政策做出了贡献，但是这些从多方面影响的具体情况理解，尤其是在经济影响数据方面，却在政策制定者选择时，创造出了很大的问题。通常建议的经济影响数据大约是8亿英镑（NWDA，2009），但是在投资回报上却降到8：1，而且没有特异性、特别性或微差性（雷德蒙德，2009）。本章细致揭示了这种2008年影响力的证据上的利用。鉴于利物浦的文化、社会和经济剥离以及公共政策历史的具体情况，从"08影响"中确定的催化作用可能只适用于部分情况。有关单个城市的对比研究（奥布赖恩和迈尔斯，2010）以及探讨都指向地方通向成功的独特条件（例如塔克[2008]关于格拉斯哥、贝利等人[2004]关于纽卡斯尔和盖茨黑德）。因此，对于利物浦典范神话的创造反映了文化政策成功观方面社会科学证据的矛盾地位，至少从政策制定者为城市发展文化政策使用设立上来说是这样。

　　这种矛盾情绪被坎贝尔（2013）以及之前的杰索普（2004）称为"经济想象"，它已经拥抱了在创意领域比较明确的文化乌托邦。并且，在弗劳德等（2011）的作品中，这也被定性为想象失败的一部分。第1章表述的政府决策技巧部分,对于公共政策尝试使用社会科学来解决这种时代性矛盾至关重要。这种矛盾在第3章和第4章都有详细描述。从单个市民和自治市对这些地方政策的经历，到专门负责制造、传递和证明这种大众理应享受的成功机构，这种矛盾一直存在。而政策想要发挥的影响，也正是实现这种成功的因素。第6章描述了文化机构对于解决这些问题的尝试，该章再一次使用了社会科学研究和管理理论，并提出了赋予文化的特殊地位。都市和机构之间的桥梁是它们面临的相同问题，而这些问题却不能直接地被社会科学所解决。实际上正如本章已经清楚表明的那样，当方法的双重社会生活被认同，很难不再想起劳等人关于社会科学本身面临的问题讨论得出的那个结论：

> 如果我们不能发现能够同时重新思考知识、现实和方法的方式，我们就不会获得需要的工具来理解采用我们的方法进行的工作，也无法想象一个特别不同的社会是什么样子。

第6章
文化的价值："公共价值"理论和文化机构

新公共管理企图废除传统行政管理韦伯模式中的官僚支柱。它声称要去除庞大的多功能等级官僚机构，并从由严谨的中央领导团领导的公共部门和私营部门中引入精简的自治机构。

——斯托克

　　我们发现从事艺术和文化事业的人一直在"价值"这个问题上争论。尝试将艺术和文化的所有价值都与货币价值挂钩毫无益处；同样地，想要证明艺术是一种特例也是没有帮助的。它不同于其他所有的开支优先顺序，而是受特有标准的限制。（莱斯特和夏普，2010：11）

　　文化价值完全是一个复杂的政治问题。本书认为这个问题不能脱离理论上的和更广泛的社会科学机构，因为它使文化价值变成学者、批评家、大众以及政策决定者们讨论的话题。上一章讨论了城市发展中的文化运用，并揭露了成功事例与社会科学之间的相互关系，更确切地说，是相互依存的关系，同时也为这些观点提供了论证。创造这些事例是为了在面对现代性决策中产生的种种问题时，为城市干预辩护。本章会谈到文化机构是如何应对这个问题，又是如何以同样的方式应对城市设置中的文化运用。

　　本章题记发现这样一个困境：考核性社会中，面对文化机构时（鲍尔，1997），公共政策要依靠社会科学来提供与科学地位相关的确定性，同时又要依靠它减少反思现代性所带来的风险。（贝克等，1994；贝克，1992）。本书第1章将这个论点和围绕这个论点有关迎合艺术与文化尝试的争论，以及独特性的附带叙述，定义为盛行于公共政策的一种机制，即货币的成本效益分析。对这些困境的反应，在以下的范例分析中有详述，它借助公共管理理论同公共价值的文化机构，揭示了运用的事例，而公共价值在20世纪90年代的美国和澳大利亚形成自己的影响力，并扩大到大西洋彼岸的英国新工党政府。

　　首先，有必要重申一下本章的核心理念，它为公共价值的出现提供了依据，即在美国和英国的新公共管理运动的胜利。公共价值作为对公共行政方法的一种反应，反过来，它也要求审查，因为它主要是由政策决策人、智囊团和学者们所创造的。学习公共政策中的理念是如何传播的，是很有启发性的一课。公共价值事业的寿命长短，取决于监督者和怀疑主义者，尤其是它对公共行政影响的历史特殊性。这也使人们对这种理论是如何在文化领域中失效展开了争论。公共价值的批评者们坚持这个理论具有非连贯性，有三个案例解释了他们坚持的合理性，它们分别来自遗产彩票基金、英格兰艺术委员会和英国广播公司。即使这些案例是借鉴同一理论，并尝试阐述本章莱斯特和夏普（2010）所概述的同一困境，但公共价值，同它在文化价值中一个特定概念的连续迭代（霍尔登，2004）在这三个案例中的运用却十分不同。

本章结尾回到贯穿于整本书的完整叙述：文化政策是如何被用来阐明学术界和公共政策从业人员领域中的重要争论的。正如文化政策对公共政策运作流程做出了解释一样，它为现代性中的政治决策者考虑问题类型时也提供了依据。最后，这三个案例进一步给出了一个关于研究方法的双重社会生活的例子，在这点上，虽然来自美国商学派传统（库拉纳，2007）的公共管理理论，以及它同具体政治项目的相互关系及其嵌入部分都需要做出重大调整，但文化政策依然属于主要文化政策机构的机构设置。

6.1　公共价值情景化：英国的公共管理

每种理念都有自己的前途。有的理念的传播畅通无阻，一片光明（米勒，2011），而有的却只局限于个别时段、个别地方的学术争议、智囊团的小册子或政府部门中。公共价值这一理念的传播路线是相当不错的。这与本书中所讨论的其他重要的政策发展有许多共同之处。正如创意产业、文化劳动力或为了城市发展的文化运用能够置于一个具体的历史环境中（麦克罗比，2010），同样地，公共价值也要求类似的历史发掘主义。正如本章将会介绍的，这是因为公共价值与特定的政治项目和决策人、学者及智囊团更广泛的网络决策渠道之间的联系，通过文化领域中的机构，为它自身的运用和可持续发展带来了一些重要的问题。值得注意的是，公共价值是怎样在21世纪变得如此占优势。在英国，即使批评家们以下有详述，但公共价值仍然具有很大的吸引力，并占据着政府的最高水平。它对内阁办公室十分重要，而内阁办公室在公共管理中扮演重要的角色，这在英国是常见的，尤其是在行政部门中。但是从《绿皮书》（HMT，2003）中收录的政策导向来看，公共价值在财政上并没有广泛的影响力，这对说明其历史特殊性来说将是一个重要因素。

对公共价值最初的评论可以直接与一个跟公共决策有关的更广泛的观点联系在一起（赫斯蒙德霍，2005）。事实上，公共政策绝不可能被视作一张可能写着决策的白纸。其实无论是在处理预算缩减、体制传统、媒介认知、选举问题、利益集团的需求问题上，还是在决策者自身意识形态的问题上（罗兹，2011），他们都面临着一系列的限制（史蒂文斯，2011）。根据公共政策在人种学上的表述（史蒂文斯，2011；罗兹，2011）以及探究证据使用和决策的研究方案（纽特利等，2007；霍尔斯沃思，2011）显示，政策并不是一个线性过程。

证据是分等级的（奥布赖恩，2012，2013），其森严程度几乎可与它的混乱性媲美，有时它甚至是任意的（史蒂文斯，2011）。这是因为，正如戴维斯（2004）的清楚表述："'证据'，无论是哪种形式，它都只不过是频繁出现于决策中的一种压力而已，其中包括部长的价值，来自选举性循环的有形压力，说客和施压集团的影响力，以及媒体（或缺少媒体）对行政行为及决策的监督。"公共政策也有历史维度，无论是基于它会将前政府处理问题方法遗留下的痕迹带入一个给定的事情上这样一个事实，还是在更具体的方面，即当之前的决策使机构和组织变得难以逆转。（海，1996；朗兹，2001；盖斯等，2005）。具备这种思想，我们就能理解，公共价值是一种在历史上和文化上对公共行政具体理论和实践的反映，同时又能在这些理论和实践营造出来的环境中运用。

英国新工党在1997年开始执政时，它面对的是这样一个政府和国家机构——这个政府和国家机构被新公共管理影响了近20年，又在保守党的管理下持续运营了很长一段时间。斯托克（2006：4）给出了在新公共管理范围内，思维和实践的所有标准的精彩概要：

> 新公共管理企图废除传统行政管理韦伯模式中的官僚支柱。它声称要去除庞大的多功能等级官僚机构，并从由严谨的中央领导团领导的公共部门和私营部门中引入精简的自治机构。

处理保守党执政由等级官僚到公私合营供给的这种转变，对两方面有重要的影响：一是在新工党处理行政管理上，二是在他们用于处理现代性的矛盾和歧义问题的一系列理念上。这些影响体现在两个方面：一是作为某种等级制度的重申，来"引导"（奥斯本和盖伯勒，1992）国家的传递网络；二是作为社会科学运用的承诺，来解释什么奏效，什么不在公共管理范围内。新工党政府一名杰出的大臣戴维·布伦基特认为，社会科学是新工党政策实践的关键：

> 社会科学的研究证据对政策的发展和评估至关重要。我们需要依赖社会科学和社会科学家们，让他们来告诉我们哪些是有效的，原因又是什么，以及哪些类型的政治举措有可能取得最大的效果。

贝维尔（2005）同新工党内为赢得选举（例如,罗恩斯利，2001；坎贝尔，2011）的党组织中央集权的广泛讨论一起，以积极的社会科学形式将中央集权和证据使用的双重目标导入了新工党的信仰中，使现代性中复杂而矛盾的问题变得清晰明确。同时，社会政策学者（例如,莱维塔斯，2005）解释了重获权力和使用积极社会科学的要求，是如何轻易适应国家和公民之间转换关系的，这种转变即有更多私营企业部门和充分理解市民即顾客的实践。与积极社会科学形式挂钩的合理性类型，尤其是经济学，利用任何给定的政策，根据经济、效率和效果标准对公共行政实践做出了明确补充（奥斯本和盖布勒，1992）。投入成本效益分析、产出成本效益分析及成本效益分析结果的语言（HMT，2003），对新公共管理的公共行政变得至关重要。它在决策者们面临看似吊诡的问题（APS，2007）时，为他们提供所需的确定性。但是，正如迪盖（2005：54）所言，废除等级官僚机构是以它在市民和国家关系中的重要作用为代价的：

> 公共管理作为政府机构的一种形式，其独特之处在于贯穿其中的官僚主义的约束,这些约束是自由主义国家行政的本质。它们不是可以被随便移除的副产品……提出公民与合理的流程考虑的形式平等的价值，意味着公共行政仅限于它的能力范围内的"反复无常"。它不能为了管理方便而减少麻烦的顾客（或边际客户）。

虽然，新公共管理的理念涉及了一个复杂的官僚角色重构的问题，但是它还是给了新工党雄辩的机会，让它可以为决策中对社会科学证据的需求辩解。在回应佩克（2005）对创造力的讨论中，蒂利和莱科克（2000：3）指出："证据中根深蒂固的政策都有对母爱和苹果派的诉求。"这个比喻简单易懂。作为管理意识形态及其实践的反向发展（奥布赖恩，2013；罗恩斯利，2001），它有明确的政党联系，并凭借1997年的新工党选举一举成为主流。证据能够解决政府所面临的危机（鲍尔，1997），但同时也反映出了政府尝试了解自身影响力（纽特利等，2007）所带来的自反性。迪盖替官僚辩护时惊恐地发现，在基于证据的决策中有它的翻版，凭借它是政治学去政治化的一部分，从而将价值问题转化为仅仅是传递中的效率性、效果性和经济性问题（帕森斯，2002：54）。

6.2 公共价值：从理论到实践

新工党力图在新公共管理所青睐的私人部门中，对经济、效率及效果的担忧和基于证据的"什么奏效"（纽特利等，2000）的承诺间找到一个平衡，但事实上它是在寻求一个解决政策问题的最佳途径而不是最经济实惠（例如，米勒的《最佳价值的讨论》[2008]）的办法。虽然这个方法在社会政策中创造了一个明确的成功事例（例如，艾森施塔特的"确保开端"计划[2011]），但是当新工党试图扩大在保守党执政中发展起来的一般审计合理性时（胡德，2008），这种方法的局限性便很快暴露出来了。这些局限在利用数字目标提高政绩中尤为明显，并且已被大量评论员（例如，胡德[2012]；胡德的总结[2007]）证实，这些局限将导致反向刺激和目标赌博，而且如果产出不符合政府期望就不会有成果。

这种公共管理的方法，虽然萌生于19世纪80年代和90年代的执政党执政期，但却在新工党执政时呈指数发展，这得益于三个因素（威尔逊等，2009）：一是与咨询公司、政府和学术界联结的绩效评价（类同于米勒2003年所说的专门技术形式的发展）；二是作为绩效评价手段之一的看似透明的数字数据，它与更多"不透明"的形式对比；三是政治家们对看似客观的数据的诉求，他们试图向公众证明政策的成功而非一味相信专家（例如，健康状况良好[西雷特2003]）。新工党执政中，解释支出对生产力的影响变成了一个至关重要的问题，因此，胡德（2008）在1997年后对支出增长的背景做出了定义。

强行实行中央控制的审计的恶果看起来与之前就消费、工作和城市发展讨论的企业主义信仰不符。然而，集中管理信息的运用与新公共管理将公民视为顾客的愿景密切相关（尼达姆，2003）。对动力和企业主义的渴望潜在于以公共部门管理形式为基础的私营部门市场竞争中。在审查监督制度内，任何职业，无论是医学界、教育界，甚至是文化界都有机会在对待客户上变得具有企业性质（鲍尔，1997）。

公共服务将变得"高度灵敏、以顾客为中心、效率高、成果丰硕"（怀亚特，2002：15），尤其成为私营部门的新自由主义语言。公共服务将通过目标机制和监控系统来达到这些要求，其中的监控系统将反馈到政策过程中以刺激对数据的实际反应。政策将由奏效的反馈来引导，而不是由意识形态引导（诺顿，2005）。以证据为基础的政策承诺将政策过程非政治化（诺顿，2005：51），因为客观的数据将用于技术决策。

新工党的公共管理计划的矛盾为迪盖（2000）的评论添力不少。但从病人、学生或囚犯的权利的角度来看，官僚主义的等级形式已经改变了，例如，在米歇尔·福柯的理论中，透过消费主义来讨论这些挑战的企图并未解决早期挑战所定义的对客户、服务使用者和公民的钝性。公共价值应该被视作这些的直接反映。

然而，要明确定义公共价值并非易事。本章将在随后的段落给出更实质性的评论，但是对了解公共价值来说，定义的难处是一个重要的开始。奥尔福德和奥福林（2009）在一个对公共价值的绝佳概括中，对这个术语的多重含义和用途进行了定义，其中有：反映新公共管理的首要政治范式；受抨击的官僚和公共管理者的修辞策略；对世界和公共管理者的实践的叙述性或人种志的描述；作为组织和员工绩效评估的框架，它超过许多新公共管理的狭义管理学家的关注点。

公共价值的运用由两方面的关注结合而成。一是对定义公共组织创造的独特而具体的价值形式的关注；二是基本被新公共管理理论忽略的关注，这些理论在20世纪80年代和90年代的西方操英语的民主国家内占主导地位，尤其是美国、英国和澳大利亚，以及跨国组织，例如经济合作与发展组织。公共价值最初是作为一种矫正，以矫正新公共管理对私营管理技巧和与那些方法相关的经济价值关注度的明显减少（梅恩哈德，2009）——之后这个矫正与合法性问题、机构地位的防守以及评估绩效的超经济框架有广泛的联系。

由于缺乏与这个术语相关的连贯性，在考虑公共价值时，术语的多种用途则变成了主要的讨论点。公共价值的许多用途使它易传播，也为它能够在一系列语境中被人拾起提供了可能（出乎意料地，通常是以一种矛盾的方式），并从一组不同的来源中引发了持续的参与、依附和批判。自20世纪90年代中期，马克·穆尔首次将公共价值制定出来，它受到了广泛的欢迎：从公共管理者的热情拥抱，最多到表示好奇，最坏到学术界的完全敌对（奥尔福德和奥弗林，2009）。

穆尔（1995）的原著在哈佛大学得到发展，旨在影响美国的公共管理者和当选官员。其关注点在于，公共管理超越了20世纪80年代的公共管理改革的问题，并重申公共管理的唯一公共方面的价值。穆尔认为公共管理所做的是一个活动的特殊领域，并且新公共管理所关注的例如效率和随后的绩效指标，事实上去掉了特色之处以及与政府不同的地方。穆尔试图将新公共管理的一些技巧，例如它的管理主义同与公共管理角色相随的新人及合法性概念融合，塔尔博特（2009，2011）对此做出了描述：

> 管理学家对效率的想法与对成果和绩效的关注融成的混合体，又与

公共管理者的政策角色更广泛的概念，以及公共领域中信任与合法性的重要性融为一体（塔尔博特，2009：168）。

穆尔（1995）认为，公共价值结合了两个方面：一是公众视为有价值的方面；二是对市场或私营部门互动无法简化的那些官僚主义方面：

> 通过了解我们的"公众"价值以及怎样连接它们这种改良之策，这个框架帮助我们联结我们认为有价值的东西，并需要公共资源。

公众所认为有价值的利益是重要的，因为它将在讨论文化领域中是如何处理公共价值时变得尤为明显。一般对公共管理而言，公共利益可作为一种途径，使官僚的公共经验得到重视，并在决策中和现代公共管理使用的工具中代表公众。穆尔（1995）的书中以及这个理论（例如，本宁顿和穆尔，2011）的连续迭代中的讨论，凭借公共价值是如何产生的描述性范例，贯穿于一系列不同的公共机构。

公众和私营部门作为公共价值的核心，它们之间的差异值得探讨。但是国家和社会之间的关系却有一段广泛的历史，罗兹和瓦纳（2007）接受了韦伯关于国家的作品，这一点在这里尤为中肯。例如，消费者与苹果公司、谷歌或可口可乐公司之间的关系就是市民与国家机构关系中的另类。这是因为，在现代社会，国家拥有合法使用暴力的垄断地位。国家能强制你纳税，监禁你，也能硬性规定你进入某些机构，例如学校或军队。而社会中的其他组织则不能做到这些。理解这个基本的差异，有助于建立一个案例来辨别公共部门和私营部门之间的差异，并认识到这些差异可能导致社会关系的不同形式。

虽然公共价值尝试以美国公共管理理论的视角而非欧洲国家社会学理论来辨别这些差异，但这种企图仍可置于统治时代中公共服务碎片的背景下。斯托克（2006）和本宁顿（2009）提出：公共价值是一种解释说明的方法，亦是一种辩护的手段/途径；而公共管理作为公共服务的传递者，则变成了国家、市场和民间团体的混合物。当不同的组织形式同公共生活中社区、市民及其他参与者之间产生的新关系汇集在一起，如果统治可以被理解为等级制度结束的代表，那么斯托克（2006）和本宁顿（2009）则参照本书第2章米勒作品（2003，2008）中"到底什么是公共价值"的讨论，提出了一个框架，用以思考价值是如何产生的。除此之外，公共价值需要那些为公众提供服务的机构之间的合作，其中包括地方、区域、国家、超国家、政府和非政府的机构。这意味着理解价值和创造价值的企图是一个与管理网络相关的重要问题。

出于各种原因，公共价值对新工党的影响尤为明显。虽然，表面上看起来，公共价值是直接围绕着实证主义对公共服务统治分析的局限性而谈，但由它的定义不确定性所导致的灵活性却是一大优点，因为它横跨大西洋来到了英国内阁办公室（凯利等，2002），又走出了澳大利亚。假设公共管理原理的基础不仅在意识形态中，而且在证据中也占据一定地位，奥尔福德、奥弗林（2009）、威廉斯和希勒（2011）在定义这个问题上的讨论，展示了一个联合体的形成，即公共管理者是做什么实证描述和公共管理者应该做什么标准框架的联合体。威廉斯和希勒提出了七大原则：

1.公立机构应该要理解，清楚表达并评论/检验公共价值目标；

2.管理实践应该旨在创造公共价值；

3.公共价值不能被金融危机削弱；

4.公共价值目标作为对话以及深思熟虑后的结果要求有政府和公众的监督；

5.公共价值在追求目标时必须考虑机会成本；

6.违背公共价值的行为必须斟酌；

7.管理者必须要寻求一个创新的、灵活的和非教条式的途径来传递公共价值。

以上详述的常规方面，尤其是货币估价的局限和对公众角色的坚持，对全球所有的公共机构都有诱惑力，其中对文化领域的公共机构诱惑最大（斯科特，2010）。在英国，这种用法以与新工党管理联系紧密的智囊团所做的研究作为支撑，而新工党管理曾试图完善这个概念并用与穆尔（1995）曾用过的类似的个案研究方法，来解释公共价值的有用性。有大量的机构声称自己是公共价值的创造者，但是最后都以英国学院艺术和人文学科使用的术语告终（贝特，2010）。到20世纪末，公共价值更多的是得益于它抵消机构使用这个术语所导致的来自左翼和右翼分子的批评，而非它在穆尔书中的原始概念。

6.3 公共价值的限制

上一部分的总结评语直接指出了有很多人批评公共价值。尽管早期关于公共价值定义的作品对其成功做出了一定的贡献，但是，连其倡导者都意识到，公共价值缺乏具体定义，会造成问题：

> 至少在英国存在这样一个问题，公共价值被当成一个多义词随意使用，形容公共服务相关的概念和目标，不同的人对它的理解不同（贝宁顿，2009：233）。

此外，因为学术研讨会就公共价值限制和含义的疑问提出了一系列的问题，全球的公共价值产业及其修辞策略运用也饱受批评。

罗兹和万纳（2007，2009）强调：一方面，公共价值变得愈加企业化，要求公共经理人有明显的政治行为，从而对他们造成威胁；另一方面，公共价值自行解读公共利益，并自诩为公共利益的守卫者。对罗兹和万纳来说，公共价值对公共组织的看法太过宽容，从而遗漏了一点关键事实，即公共机构通常以强制的方式行事，实施权利甚至使用暴力以强迫公民行动。更重要的是，罗兹和万纳认为，公共价值从根本上来说是一个美国的概念，它基于穆尔在哈佛的实验以及他和美国公共官僚体制的合作，相较西敏制，受到更多的企业型管理传统的影响。尤其是，英国并不因为其强大的行政控制力，而为企业型公职人员提供空间，也并不把主导政党体系和公务员地位长久地作为宪法官僚体制的一部分（罗兹和万纳，2009）。

与罗兹和万纳对西敏制公职人员角色的辩护相反，政党右翼分子认为公共价值是官僚体制各方面的一种延伸，公共选择批评这是变相的行政管理途径（埃里克森，2011）。这些批评认为各机构拿公共价值抵御关于它们在公共生活中地位的批判，以加强自身特权地位（埃尔斯坦，2004）。

公共价值最大的难题是在公共管理中为它找到规范与积极之间的分化点。在特定国家机构或行为中倡导"公共价值"，明确有其规范意义，但这同时也试图要构造一个关于公共行业组织及雇员活动的实证描述。公共价值作为一种分类，这既是它的缺点（罗兹和万纳，2009），也是它的优点，因为它使公共价值不仅仅是一种倡导形式，还是一种行为描述。最糟糕的情况下，它使得公共价值变成了一种修辞：

> 穆尔的非实证案例学习和介绍为后续的研究拟订了基调，他仅通过简单描述的案例，而不是特别设计的研究，来解释论点，倡导公共价值方法（威廉和希勒，2011：1374）。

然而，公共价值的二重性所体现的实质，对理解它的成功及其潜在限制都非常重要。英国构建了符合自己国情的公共价值，形成"一种总体框架，框架之下，会产生立法、资源分配以及计量问题"（霍纳和黑兹尔，2005：243；转引自奥尔福德和奥弗林，2009：179）。

在英国的这种框架之下，公共价值通过社会科学技术的例证，以公众在创立合法性、支持筹资决策中的作用为重点。这个重点同时引发了对官僚制度公共管理的新批评，以及左翼对专业权利的批评（例如，莱恩，1960；伊利奇，1995；福柯，2002）。公共价值强调公众的声音，而不仅仅是专家或者政客的意见（贝宁顿，2009），以符合对现代复杂性、不确定性以及风险性更广泛的描述。

这个讨论中，谁是公众呢？公共价值原本就定义过分宽泛的问题，并没有充分地解释"公众"这一定义。第3章中文化消费根据轴来划分的讨论，综述了不同的社会群体，尤其是政治社会群体的重要性。有人可能会说，有多种公众存在，不同的公众与非公共组织，并且通常是相同的公共组织，关系不同。而且，为了与第3章的讨论保持一致，现代个人的交互本质意味着，根据年龄、性别、地理、性取向、种族，甚至是投票习惯和消费偏好，同样的人可能穿越在不同的公共环境中。在"大数据"时代，这一现象更加明显（萨维奇和伯罗斯，2007），大型的、通常是商务型的组织，仅通过个人的行为产生的数据，就可以构建对人的调查了解，远超那些学术的，甚至是政府的了解程度（萨维奇和伯罗斯，2007）。新工党对公共服务的解读包含了跨分类的问题（尼达姆，2003），不同时间，在不同的服务里，公众可能是顾客，可能是消费者，也可能是公民。例如，在接受社会关怀时，人是顾客，在图书馆为声像资料付费时，人又是消费者，但同时，作为纳税人，为这些国有的服务设施也做出了贡献，所以人也是公民。

6.4　公共价值作为文化价值

公共价值的限制没有妨碍其在公共服务领域的影响。正如在前一章里提到的，它甚至成为了相关部门和组织这些潜在冲突点极为有效的辩护工具。公共政治转化为公共文化时，尤其如此。2003 年是关键的一年，这一年，文化部门内部开始抵制政府将文化与经济社会政策关联这一长线趋势，还直接反对新工党政权对数字绩效的管理方式和对例证，尤其是从未用过的例证（塞尔伍德，2002）的需求。

反对社会和经济政策双重压力，在文化价值的争论产生之前就已经出现。正如第 1 章中提到的，约翰·图萨（1999，转引自里夫斯，2003：36），因为主管巴比肯艺术画廊和音乐厅，成为了这一反对行为的代表性人物：

> 莫扎特之所以为莫扎特，是因为他的音乐，而不是因为他开创了萨尔斯堡的旅游业，或是给巧克力和糖果命名。毕加索很重要，是因为他给当时的时代带来了新的看待事物的方法，而不是因为他在毕尔巴鄂古根海姆博物馆的画作让原本萧条的西班牙港口重新蓬勃发展。梵·高很有价值，是因为他的画作强烈的形象和色彩，而不是他让太阳花和木头椅风靡流行。艺术作品的价值评估中，最重要的是绝对质量，其他的因素可能很有趣，很有用，但是只能屈居第二。

认为质量是文化政策的目的，反映出第 2 章中提到的美学与艺术的重要性，同时，也反映了第 3 章中讨论的与文化消费相关的权利关系。2004 年一篇划时代的关于政府政策的个人论文反映了这一点。时任英国文化、媒体和体育部国务大臣的泰莎·乔韦尔的《政府与文化价值》再次肯定了完美美学的地位，这曾一度是英国（休伊森，1995）以及世界（例如，考恩[2006]年对美国的讨论）的文化政策目标。

第3章通过阶级和社会地位为基础的美学阶层详述了隐式精英主义，本书则试图把文化价值与隐式精英主义区别开来。尽管如此，本书仍然展示了维多利亚概念的地位，认为精英文化，作为一整套的价值和经验，会有"教化"作用。这样，它就清楚地展示了如何通过接触精英文化形式而促进自身发展，贝内特（2005）在讨论DSMS存取政策时曾力图批评过这一点。同时，本书将文化的教化方面置于现代性这一背景中，认为文化从本质上是人性化的，但同时，文化也试图展示文化精髓如何提供独特的物质商品，并为之投资。

到这里就可以讲清楚与文化价值的关联了。公共价值坚持，私营部门的管理体系无法发现公共管理的独特部分，与公共政策的其他方面相比，公共价值也坚持文化差异，这两点坚持不谋而合，同时，还有人要求给公共政策以特别的社会地位。21世纪10年代中期形成的公共价值就是在这样的坚持中发现了自身的基础和目标。

文化价值历史复杂，发展至今，已包含了一系列由艺术家和文化组织创立的互相交织的价值形式，并与英国重要研究议题紧密相关。这个词虽然是埃利斯（2003）在演讲中第一次使用，但是，霍尔登（2004）和智库迪莫斯（Demos）对此的研究作品最为有名。霍尔登建立了公共价值和文化价值的联系。

对霍尔登（2004）而言，文化价值包含三个方面：公众、专家以及政治家。这三个团体关系到三种不同的价值类型，或是三种不同的价值层面。文化组织创造的文化有三种形式，包括组织经历的内在价值、公共政策工具价值，以及组织和各种各样的公众人群之间的关联而产生的惯例价值。虽然内在价值和工具价值也与文化政策中机构产生的独特商品有关，但是惯例价值与公共价值是最接近的。

文化领域的公共价值有着特殊的文化价值形式，关于这一价值的三分论的形成与霍尔登关于内在价值的观点有着紧密联系，却并非完全契合。三分论的发展是政客们（乔韦尔，2004）和新工党智库（休森，2006）参加各式会议发表演讲的理论的基石，在麦克马斯特（2008）评论中，倡导同行审查体系建立文化政策框架，这一构想在新工党的推动下将发展完善。

文化价值三分论认为，尽管实践对政策制定十分重要，对于工具价值的生成不可或缺，同时也是新任公共管理部门和新工党审核草议时青睐的试金石，但是对于公众和文化机构，实践不是最重要的因素。这对于公众和专家来说都是有疑问的，因为根据霍尔登的理解，工具价值与人们对于文化机构的期许相去甚远，也容易使人们误解专家们的言论以及他们在文化机构中所做的工作。

内在价值与参观者和参与经历紧密联系，与完美概念相关。而更宽泛的价值形式与民主、责任相关（文化的形式既关乎惯例价值又关乎工具价值）。这两者之间的紧张关系在智库迪莫斯关于公共文化价值的文献改编版中得到了证实。正如贾科维奇所说，许多文化机构在开展工作过程中都遭遇了这样的对立，一方认为文化政策的制定应当以公众利益为直接出发点，另一方则认为应从文化独立的需要出发，并摆脱责任制的束缚。公共价值给那些需要认可惯例价值和工具价值的文化机构自我肯定的方式；同时又从很大程度上代表了完美文化的内在追求。

完美理念是文化组织活动的关键部分，其重要性与公共价值的转变紧密相连。公共价值就是一个衡量文化附加价值的体系，当文化活动的价值超出新任公共管理部门的价值理念时，公共价值也发生相应变化。与其他领域的公共政策相比，文化机构独一性和不同性的植入，是建立在人们对文化价值具有不可估量性这一期许之上的，而对于文化体验的改革力量的浪漫观点更彰显了文化价值的不可估量。

文化的不可估量性意味着现代政府的决策形式是不可行的。一个根据核算和管理技巧运转的"审计社会"（鲍尔，1997），把不同政策干预的有效性量化至单一的金钱收益，以此为标准将各项政策做比较和评估，在这样的社会中，是吝于给博物馆、画廊、影院和音乐大厅一席之地的。阿德里安·埃利斯也说过同样发人深省的话（2003：14）：

> 无论是现在还是将来，国家领导者都不会忽视语言的作用，但是我们还应该增加更多有关文化价值的词汇。除非有一天，出现一种平民的大众的语言供人们讨论文化目的、内在价值以及工具价值，否则文化机构的组建者会一直无法对自己所在的机构持不偏不倚的公正态度，文化机构即使代表了人民的需求，也将毫无意义，无法独立。所以决策者和文化机构应当也需要有一个机会去面对这个立于大众基础之上的挑战。

埃利斯提出的这些观点，为公共价值从纸上谈兵走向实际操作、为文化机构成为价值衡量的一部分提供了保障，使其价值对于决策者和公众都明朗化。

6.5　公共价值的用途：三个实例分析

公共价值的用途可以从以下三个英国文化基础建设实例加以阐述。这三个机构各自采用了不同的文化价值理念，这反映了公共价值的核心定义的差异性和分散性（本宁顿，2009）。但公共价值和文化价值的保障作用是这三个文化价值的机构建设的共有因素。

公共价值发展最为完善的用途在英国文化领域与文化遗产彩票基金会（HLF）有关。HLF负责将从英国国家彩票公司筹集的资金发放至各大遗产项目，这里的遗产是宽泛意义上的，包括博物馆、历史建筑和其他非物质文化遗产。

HLF与智库迪莫斯合作，后者已将公共价值上升至文化价值框架，建立了一系列精确的评估标准，用以规划文化价值框架的影响、管理和未来发展。HLF一直努力证明其投资所创造的价值，特别是其对HLF资金项目有显著意义的价值。迪莫斯关于内在价值、工具价值以及惯例价值的框架，为了围绕关键概念的评估体系的形成做出了相应调整；例如，内在价值作为管理和保护者与HLF工作紧密联系在一起。

然而，这一过程并不总是一帆风顺的。HLF在一开始就遭受了来自穆尔的批判，并被要求将智库迪莫斯设立的框架投入具体问题的解决，测评其是否具有实际的指导意义。克拉克和梅尔称这一框架操作起来有利也有弊，利在于其收集了具体的数据以明确的说服力使HLF更好地明了自身的角色、功能和关系，并使之明白公共价值是测评、组织学习和责任的标准。这个框架从20世纪80年代就一直致力于建立一种文化领域的评判方式，关于经验主义和概念上的问题仍悬而未决，特别是其工具价值的社会影响这一问题（赛尔伍德，2010）。

第二个实例分析关于英格兰艺术委员会（ACE），其成立始于一场关于艺术价值和公共基金角色的辩论，艺术的辩论主要着重于探究现代艺术所创造的公共价值，以及这对于艺术委员会、个人以及组织具有怎样的意义。（邦廷，2007：4），ACE是这场辩论的咨询机构，它采用了丰富多样的咨询方式，包括与ACE成员、民众代表、艺术专家和政府官员进行的小组讨论、深入交谈（邦廷，2007），结果引出了大量关于完美、创新、决策透明度、经验的独特性和ACE创建活动的话题。这些讨论为ACE最近的方案"创造属于大众的最美艺术"做了宣传，因为这代表ACE对作为一种研究和咨询方式的公共价值，进行了深入的理解并做出了很好的回应。

ACE对公共价值的运用并不主要在于其理念对机构运行的影响有多大。咨询确实给ACE带来了众多见多识广且有着敏锐审美的观众，ACE所呈现的公共价值也完美阐释了公共价值的灵活性（和潜在的不连贯性），同时体现了公共价值作为研究和咨询方式的局限性。格雷在对ACE的公共价值理解分析中清楚说明：过度管理公共价值的最大问题在于弄清楚公共到底代表的是哪些人。正如本章开头讨论过的一样，ACE的工作过程中又遭遇了这样的问题：公共价值和公众。一方面，ACE希望以公共价值为准则，探究出在人们心目中，公共价值到底是什么，是怎样产生的；另一方面，ACE的工作又完全根据自己对公共价值的理解来展开。尽管ACE的研究工作进行得如火如荼，但是在加里看来，研究主要是从ACE员工及其创建机构的视角来有所侧重地展开。这样的侧重引出了一个关键问题：为什么与认定文化活动是否具有公共价值相比，什么是文化活动的公共价值是如此无足轻重，其实前者对于大部分咨询部门都是不言而喻的（加里，2009）。在这里，公共价值是一种管理工具，用以研究ACE提供的产品和服务如何更有效地留住和迎合现有用户，但若放置在公共价值的更广泛的意义中，这意味着为ACE再思考、再设计自身能为怎样服务英国人民提供基石（加里，2008：11）。

一边强调ACE对公共价值的运用的不同方面，李和其他研究者（2011）一边为加里关于ACE构造公共价值的批判提供支持，实际上，这证实了ACE目前的管理没有考虑到其造成的惯例价值的问题（霍尔登，

2004），这些评论与罗兹和万纳关于公共价值的控诉并行，他们批判公共价值忽视了公共决策容易导致的问题和矛盾这一事实，没有对公共管理者进行不可或缺的政治监督。ACE 对公共价值的运用进一步阐述了观念是如何传播并且在不同的机构中更改的。对于 HLF 来说，公共价值是评价机构工作的标尺；而对于 ACE，公共价值是其稳住自身地位的工具。

BBC（英国广播公司）将这两种公共价值的作用集中体现在公共价值在文化领域的第三种作用中。BBC 是公营媒体，除了特定群体，所有电视用户收看 BBC 都要缴纳费用。国家广播公司以这样的方式集资，这在英国颇受争议。特别是 20 世纪 80 年代，当时撒切尔政府采用这种融资方式被认为是另一种经济理论和社会意识形态的体现，就连 BBC 内部都有着这样的传闻。

20 世纪 80 年代至 90 年代，BBC 经历了影响深远的机构重组，这一历史被博恩记录了下来（2004）。到了 21 世纪中期，经历了 20 年的调整重建，以及在哈顿爵士问讯凯利博士之死后，对守旧的英国政府的曝光，BBC 面临着重大的资金、服务和管理问题（李和其他研究者[2010]）。在这样的背景下，公共价值帮助 BBC 摆脱了人们对于公共机构功能的狭隘观念，并保证其作为一家服务公众的电视台独一无二的地位（就像公务员所具有的社会服务的精神一样）。

对于 BBC，公共价值有三种形式。首先，公共价值作为一种测试方式引导 BBC 信托做出公司决策（科依和伍拉德，2010）。然而，近期的文献（特别是李和其他研究者[2011]）质疑公共价值测试与 BBC 利用公共价值双重本质间的区别。首先，一个市场调查项目面向广大群众，调查消费者与 BBC 的关系。其次，一场关于 BBC 需要收费许可必要性的讨论展开，这是一个经济层面的讨论，似乎有悖于 BBC 一开始提出公共价值这个词时的意义。这二者的结合引出了这些利益、价值的着重点，即不影响经济发展，并与英国普遍接受的公共价值相一致。然而，与ACE相反，消费者调查和一些价值理学家开始担忧BBC的经济价值，其经济价值由公众是否自愿缴费这一调查结果评定。这样一来，公共价值的基本用途就是以华丽的辞藻讲述了BBC的价值、重要性和地位，并以英国财政部为工具为白厅带来经济利益。

6.6 结论：历史化的公共价值

上述例子中公共价值配置的方法已经在很大层面上显示了它的地位，它是对现代性决策过程中矛盾性的回应。实际上，这又回到了本书的原点，即再一次实实在在地证明了文化政策作为公共政策的一种形式，不应该脱离或者被置于现代政府复杂性的讨论之外。公共价值是为了突破之前试图突破官僚主义局限所受到限制的又一次尝试（奥斯本和盖伯勒，1992），这些局限源自于官僚主义想为现代国家合法性的核心主张提供确定性和平等性的意图（杜给，2000）。

这三个案例研究同样揭示了公共政策是如何做到不中立的。它们与很多张网紧密相连，有理论家的网、政治家的网、政府部门的网，以及智囊团的网（斯特德曼·琼斯，2012），另外还有其他多种多样帮助制定这些公共政策的不同形式的现代性物质文化（霍德，2012）。在这一章的叙述中，如同之前讨论过的第3章的消费、第4章的文化工作之探索、第5章的城市发展之分析，都进一步分析了现阶段发展中将文化和更多一般性公共政策历史化的需要。这一点也正是结论的焦点所在，也为第7章中对更为一般性的结论评价架起了桥梁。

新工党对公共价值一定是持敌对态度的，认为公共价值有碍于他们的统治。ACE尝试了解它的价值以及它同英国人口的关系，HLF致力于理解和测量它的功用，BBC努力将它打造成为公共生活中的一个发言人，展示基于证据的政策制定方法的潮流，数字形式的审计和管理主义，连同新工党对实证主义科学（贝维尔、李等，2011：298）的注意都说明了这一问题预示着公共价值的前景。

"物超所值"（本意为资金价值，是英国政府在2004年推出的一项实施机制 。"物超所值"[value for money，指基础设施在全寿命周期内能够满足用户要求所投入的成本和获得的服务质量（或功能）的最优组合]）和"影响"，是一段极度紧缩时期所创造的新流行词。在这个环境下，"公共价值"的"苹果派"说法，将被一个完全不同的论述所取代，这一论述将更符合严酷的经济事实的新轮廓，那就是不受欢迎的决策或许通过政治共识产生，也或许不通过它产生。在政治活动将重新活跃之际，在这层意义上，看"公共价值"是如何被熔铸进整个政治宏图里，抑或是昙花一现地成为新工党统治历史上的古董政策，将是一件很有启发性的事。

这一状态和麦克罗比（2010）提出的关于创意产业的警告直接关联，撇开这个词的全球影响，它或许可以反映在英国的某一相似特定时刻（弗卢，2012）。以此类推，公共价值还是诸多辩论和相关工作的源头（伯宁顿和摩尔，2011）。然而在英国，公共价值对财政部却鲜有影响，而在政府部门中，财政部在监测公共服务的投资和监督上有着至关重要的作用。

若放在故事中，公共价值就像是一张囊括诸多演员的网，这些演员努力寻找着可以让管理更为有效的方法，同时有着公共国有经济的解释权，解释开支的合法性。渐渐地这个故事并不是在解释国有经济是什么，为谁而立，而变成了一个包含一系列解释和辩护的方法技巧的故事，这些解释和辩护正是在案例研究中得出的，本应是公共价值的基础。然而，建议加大公共价值对英国财政部的影响，并不是说要公共价值提供一个替代的决策架构，推翻利用成本效益分析和货币估价或替代等方法的原架构。提及这点又值得我们参考李等（2011：297）提出的疑问，认为公共价值更多地是显示了想法如何深入到制定的政策当中，而非提供了一个操纵经济的真正替代：

> 公共价值这一"案例"对文化政策语境中政策波动危险很有指导性的意义。从这一理念受智囊团、政治家和文化组织们的欢迎程度就可以看出，市场对典型地代表当前文化政策制定的想法大有反响。

因为与单一政党关系紧密，公共价值的前景在英国似乎有限，然而文化价值的反复变化已为英国在现代政策制定范围内调解、适应文化价值开启了新的前景。文化价值值得人们为其撰写专著。霍尔顿（2004）之后的著作以多种纪律和机构为出发点（奥布莱恩，2010；AHRC，2013；贝尔菲奥雷，2013）反映了这一主题的趣味性。

世界各国人民对这一术语可能都有着相似的理解。因为欧洲预算紧缩，美国和非西方社会国家正尽力解决公共政策问题，这些问题具有全世界都经历的现代性特点。

文化价值转向需要超出英国21世纪头十年的文化价值。这一概念不仅仅需要为艺术组织提供辩护理由，因评估需要为文化政策制定部门提供设施以接受资金，它更是现代性政策的重要组成部分。正如第2章的探讨所揭示的道理一样。这事关排斥审美地位，"艺术本身无法被定义，任何测量艺术的企图都无法表现艺术的本质。"（米塞尔，1983，转引自休伊森，2002：85）

本书利用的激发社会价值的政府、国家、公共机构的防御力（摩尔，

1995）的中心论点为：文化政策为公共政策。公共政策，与其相关组织、机构不仅仅反映了市场交易、经济价值评估设施（迪盖，2000）。市场交易和经济手段塑造政府对现代困境的反应至关重要，并体现了为了更好的社会，必须为社会科学开拓更宽广的前景（哈伯玛斯，1990）。

　　人们必须牢记现代社会的含糊与矛盾的特点。我们必须从此开启艺术与文化价值的新理论。要在现代性范围内实施公共政策，而不是从美学角度出发。正如本书所示，在作品、城市、公民之中，一系列社会结构无法产生乌托邦式的效果。这样也为本书所呼吁的做法提供了充足理由。

第7章
结论

　　假如审计试图将瑞蒂安民族精神系统化，通过赋予它可测量且自我批判的形式，它就具有其他的潜在的重要功能。在外部，面对英国广播公司治理和自我调节的不断质疑，它旨在避开公共批评，并靠把英国广播公司描述成一个无可指责的组织来先获得政府干预，这是一个全面检测其有效性和诚信的组织。不管内容如何，审计就是公共道德的标志、合法性的源泉。

　　　　　　　　　　　　　　　　——博姆

本书讨论了在文化政策背景下，现代性的核心主题、方法和价值。它列举了人们为何消费参与创意经济生活、城市再生和公共价值的例子。此外，本书在构建和实现案例分析背景的过程中，也叙述了社会科学方法。文本关注现代性的文化政策问题，文化政策如何反映从政府管理到必要的文化政策管理之间的变化。最后，本书将这些主题置于英国广播公司的一场讨论中，英国广播公司是一个已经从英国发展到全球的重点文化机构。

7.1　英国广播公司的社会生活方式

英国广播公司最新发展的两个例子阐明了整本书中讨论的一些观点，特别是围绕管理、现代性和价值的问题。

第 6 章指出，作为案例研究一部分的英国广播公司，把公共价值理论作为内部管理和外部展示其价值的一种手段。第 2 章和第 6 章认为审计制度对现代性而言是必要的，结论既讨论了英国广播公司如何调整这种审计制度，也讨论了在英国广播公司参与城市发展中的主要创意产业和城市发展。

第 6 章对公共价值的讨论暗示，由于各种原因，英国广播公司在英国的作用已经变得越来越不确定。它被左右翼双面批判，见证了与其报道、规划、管理和组织结构相关的国内外各种丑闻。1927 年成立的英国广播公司，最初的皇家角色是"告知、教育和娱乐"，经营费用来自于以执照费形式收取的用户的税收。尽管英国广播公司是英国国家广播公司，但是靠执照费经营的告知、教育和娱乐三大支柱给英国广播公司一个与中央政府面对面的特殊地位。作为一个独立于国家又与其密切相关的组织，这个特殊地位在过去一个世纪中经历了接连不断的谈判。

英国广播公司是唯一在政策之上的说法，充其量是一个极其天真的叙述。政客们每10年就对其进行一次更新。它（与第3章和第4章分析一致）在大众文化产生范围内的假设基础上被分析，每天遭受来自各方面的审视（坎贝尔，2011）。就像艺术委员会，其手臂长度原理旨在使之置身于每日单调的党派政治和选举周期潜在的短期行为之外。作为国家广播公司，就构建英国国家身份的生活各个方面的广泛象征意义而言，英国广播公司热衷于与英国政府保持复杂的关系。

任何关于英国广播公司的讨论都可能高度政治化，这个组织本身受到来自左右政治势力的批评和防御。在一个公众机构屈服于日益增多的审视、问题和质疑的时代，作为公众机构，它不仅只是在大众媒体或网络在线辩论中的政治讨论的战场。十分明显的是，在考虑英国广播公司如何把自己讲述成决策者这个问题时，基于经济成本和收益的管理，在这个治理与新公告管理时代已经占据了主导地位。

作为公告服务广播，英国广播公司在某种程度上来说独立于市场，不只是提供以广告、市场或观众为导向的栏目。瑞蒂安原则上在更广泛的传递教育、娱乐和告知公众的范围内，致力于质量、创新。这些观念以不同的方式通过此组织展示出来，就规划区、地理位置和如在线展示等更新功能而言（博姆，2004），这个组织把英国广播公司看成是一个巨大的单一实体，掩盖了其分散性。在许多方面，英国广播公司在治理时代与政府相呼应，作为国家的简称或更复杂分散的组织形式。这些观念经过时间的推移已经发生了变化，在战争和从20世纪70年代到目前戏剧节目制作的民族精神和道德标准发生变化的时期（博姆，2004），英国广播公司的新闻报道与国家保持一种与众不同的关系。最近，其与国家的关系的复杂性和瑞蒂安价值持续存在的复杂性，能从其在学习英国电视从模拟向数字化转变的过程中的地位上看出。

英国广播公司的批评者采取了一系列来自瑞蒂安措施的立场，包括牌照费是极度退化的，作为一个非常好的国家资助的广播公司扭曲了传媒市场的竞争（尤其是当报纸行业处于危机之中时），其产出包括追逐观众的民粹主义和瑞蒂安民族精神在内的某种潜在精英主义之间的紧张关系，除了对伦敦大都市的偏见。许多意见和立场能够在国家通常资助的艺术辩论和英国广播公司遵循的类似路径中看到。巴内特和西顿（2010）做出了一个有用的总结，包括英国广播公司对英国民主来说是必要的，原因是其向民主传达关键问题。英国广播公司凭借在英国人群中其独一无二的诚信，有一个向国际广播的全球地位。其对英国国家身份是重要的，因为其创造和维持了英国社区感，像报道体育和皇家婚礼一样报道了重大事件。在功能更广泛的创意经济中，其支撑了许多创意行为，这是市场不可能提供的，特别是其作为播音员和古典乐总监。最后，在巴内特和西顿（2010）的总结中，牌照费意味着英国广播公司是一个非商业的空间。尽管英国广播公司工作中有明确的商业内容，无论是销售计划幅度还是通过其海外渠道，巴内特和西顿认为英国广播公司公共服务提供者的地位就像爱情或经济学讨论的例子，是市场交易中根本买不到的。

值得注意的是，英国广播公司的批评和防御都潜在地屈服于同一种类型的分析，这些分析把消费与第3章提到的社会地位和级别联系起来。这不代表不理会辩论中的立场，而是提醒必然结构方面的读者讨论一个至关重要的文化组织。

许多辩论反映出第2章讨论的现代性的矛盾性和模糊性。英国广播公司是可信任的，这种信任有赖于在一个分散的传媒世界不断地争取观众。其在英国国家身份中有一个至关重要的地位（如许多其他的文化政策），但是这种角色是基于有极大争议的制度上的地理类假设。在公共价值框架下，英国广播公司讲述自己良好的金钱价值，其依据是若没有牌照费，人们愿意支付，潜在地决定了其努力维护的资助体系（爱尔斯坦，2004）。治理和管理结构透明不仅必须与栏目的创意和艺术空间相平衡，而且还要与编辑独立相统一（博姆，2004）。

通过对上述问题的回答，英国广播公司采用了一系列管理结构，这些管理结构详细叙述了现代性中的管理和价值相互依存的问题。英国广播公司也参与了一个重大的城市更新项目，以此使其组织结构分离出伦敦。这值得首先向后者转变。

7.2 声明再生：索尔福德的英国广播公司

莫尔德（2013）、努南（2011）和克里斯托弗（2008）都认为英国广播公司搬到传媒之城，是索尔福德的一次重要的城市发展，索尔福德是英格兰西北部的大曼彻斯特的一个城市。 传媒之城的发展是一个有计划受约束的城市空间，一种"以吸引国际业务为主要目标的，由皮尔控股——一个重要的城市开发商的商业地产/工业园的发展"（戈德史密斯和里根，2003：33）形式（莫尔德，2013）。其特征是具有广泛的通信基础设施的技术能力；其房地产形式与其他滨水区的发展风格一致，提供豪华公寓，连同以市场为导向的文化消费行为空间（史蒂文森，2003）；它还坐落在紧靠文化生产的"传统"的非优化的上层空间中（胜川又藏，1998）。除了英国广播公司和独立电视台，传媒之城还为发展创意产业公司提供更小的空间，创造一个枢纽，使这些创意产业在理论上有一系列的不同业务规模和业务模式。莫尔德（2013）画出与其他国际媒体城项目的相似之处，即文化生产的私有空间的高度共享，凭借其与本地人口有限的相关性受到国内外的关注，但是其使用了一个叙事的创意，借鉴某种艺术批判（夏皮罗，2004），这种艺术批判在第 4 章中介绍此书和创意理论时已经讨论过。

英国广播公司致力于将其生产能力的 50% 作为那个地区创意产业集群的部分投入到传媒之城。这被看做是对英国广播公司伦敦中心论批判的回应，也提供一个再生一个地区的机会，通过创造一个空间来整合创意从业者和小规模创意产业与本地大学和国内外聚焦的英国广播公司。在许多方面，它是成功的，正如其他大中型创意企业都已经搬到了传媒之城，这个地方正如原计划所提及，已经成为创意中心的一部分。

然而，伴随着现代性的许多政策的矛盾性产生的，还有一系列的批评和潜在的意外后果。这些加强了在第 5 章中讨论的，通过文化政策来考虑城市发展中的矛盾心理的类型。所以，例如，发展的周遭环境显示这个地区将会有 2 000 个新的工作岗位（克里斯托弗，2008）。莫尔德（2013）估计只有 680 份工作被创造，索尔福德居民只拿到了 16 份工作，这表明这种以创意产业为导向的再生形式具有明显的局限性。努南（2011：14）发展了这一观点，他认为创意集群的性质和努力为网络创造条件的现实性维持了创意产品的生产：

> 这些条件包括节目制作人创意性的群聚效应、思想的交流、新老生产者的联合和自主决策的需要。与非中心（例如，旅游费用的增加，非个人通信）相关的新的运作条件毫无疑问地影响了节目的制作，不管是短期制作还是长期制作。尽管以灵活性闻名，这些创意文化存在于一个

由相互关系和信任模式组成的脆弱的生态系统。

除了围绕传媒之城创意的不确定性，英国广播公司搬迁还有重要的政治和行政因素。在20世纪90年代，英国广播公司曾把一些服务和节目定位在曼彻斯特，作为确保在新皇家宪章的谈判手段（努南，2011）。相同的过程还发生在2000年中期的牌照费谈判中，正如克里斯托弗（2008：2315）所观察的：

> 据论证，这不是巧合，即英国广播公司的戴尔继承者马克·汤普森把曼彻斯特计划带到了一定的程度，与此同时，向政府提交了英国广播公司在接下来的皇家特许期限申请增加牌照费结算的案子。这个消息是明确的：我们将通过扩张，更好地履行我们的公共服务义务（因此需要更多的公共资金）。

城市发展承诺，作为传媒之城的一部分，其必须由此是英国广播公司和英国政府之间谈判的一部分，因为英国广播公司发现城市再生是一个强有力的主张其价值的工具。

凭借英国广播公司国家角色价值，证明当前政策决策方面的合理性对英国广播公司的管理产生的影响。最后一点被努南（2011）发展。他考虑到先前在英国广播公司区划和权力下放中的努力，进一步增加了其后产生的一系列问题。作为公共组织的英国广播公司，同有效花费公共资金和应对自20世纪80年代开始的公共服务改革的市场逻辑之间有明显的张力。面对旨在维持伦敦基地更多的劳动力的有关旅游开支的报道，搬到索尔福德就是表现这种张力的一个很好的例子。英国广播公司公共服务如何能与私营部门效率需求并存，此点是第6章讨论的延伸，进一步详细叙述了文化政策的复杂性。这是一个复杂事物，使英国广播公司无法创造一个官僚机构，能够面对现代性公共管理当下模式的矛盾性。

7.3 在英国广播公司审视现代性

假如审计试图将瑞蒂安民族精神系统化，通过赋予它可测量且自我批判的形式，它就具有其他的潜在的重要功能。在外部，面对英国广播公司治理和自我调节的不断质疑，它旨在避开公共批评，并靠把英国广播公司描述成一个无可指责的组织来先获得政府干预，这是一个全面检测其有效性和诚信的组织。不管内容如何，审计就是公共道德的标志、合法性的源泉（博姆，2004：238）。

鲍尔（1997）描述了审计社会的兴起。尽管现在还不很清楚鲍尔设法使用这个特别的词语"审计"来捕获什么，但是这次讨论主要映射了第2章讨论的主题，不仅在现代性的矛盾和冒险方面，而且还在处理它们的治理性方面。事实上，鲍尔对审计和审计能力的讨论，虽然增加了这个术语的使用，但是处于一个类似社会生活方法和想象的立场，这对本书来说是重要的。

在鲍尔的作品中，社会带有审计爆发的特征。这是监控和评估通过特别的方法的爆发，这种方法极度依赖数据资料和数字（埃斯佩兰，2001）。从管理角度来看，可见性不仅使实物可控，而且还可以解释，当处理公共服务或公共机构时，这是主要的。在公共机构（尼尔，2002）诚信潜在下降的背景下，除了认识到与调节风险相关的模糊性，诸如医院、学校、监狱和其他公共机构都屈从审计技术。然而先前的问责制和透明度次于专业能力及官僚责任分层形式，但是现在审计和数字提供了现代性的解决方案，深刻地塑造了企业的组织形式和结构文化。因此，这就是鲍尔的观点（1996：7）：

审计并非被动，而是积极地构建其运行的环境。审计爆发最有影响力的尺度是审计环境的过程，然后事后符合被监控的需要。审计不是消极地监控审计者的行为，而是在重要方面形成审计的标准和为公众对这些问题的设想提供解决方案。

作为处理现代性风险的重要方面，英国广播公司能深切地感受到审计的兴起。因为其对公共管理范围做出反应，公共管理在20世纪80年代具有新公共管理的特征。在许多方面，除了在20世纪80年代发展的一般审计文化（博姆，2004），审计特别形式的使用产生了第6章讨论的证明对英国广播公司有利的公共价值理论的条件。

博姆关于英国广播公司的民族志详述了审计对英国广播公司的影响。统治政权把英国广播公司的节目制作实践的焦点聚集在通过核算和审计来对财富进行评估。

英国广播公司自身的故事是由节目制作专家自己根据专门知识决定，哪些节目好，值得制作，哪些节目不好，不值得制作。图萨（转引自里夫斯，2002）声称这个故事直接链接到创意文化产品生产的专业控制形式。它也与第3章对消费讨论中出现的共享文化认同感一致，即共享的机构价值来源于创意从业人员，而不是一般的管理者的工作经验（博姆，2004：212）：

> 20世纪60年代制作节目的是一小群人，大概八九个人。他们是有资历的英国广播公司上层官僚，传统的行政部门就是一个"秘书处"，但是都是以前的节目制作者。那时，英国广播公司高度吹嘘他们是调度方案、运作节目、控制财政和资源的人，所有人都制作节目。通过定义和本能，他们知道所涉及的问题；因此那就是一个文化的整合。

当然，这是英国广播公司十分浪漫的一面，但是考虑到这本书在艺术批判上的讨论时，这不仅是创意民族精神的叙述，即第4章讨论的创意经济潜在致命影响考虑的基础，而且是特别重要且强有力的叙述。

到20世纪90年代，与公共服务（伯纳姆和霍尔顿，2013）间的变化一致，英国广播公司开始运用管理的数字形式，特别关注成本。英国广播公司如何估算它的节目成本是一个总体上的转变，这涉及节目购买者和供应者之间的一个分歧，与20世纪80年代到90年代间发生的极度相似，通过使用各种组织活动的货币代理来介绍市场原则和竞争的内部形式。对博姆（2014：214）而言，这是对英国广播公司主要地位的一次严峻挑战，与第1章和第6章的许多讨论相呼应：

> 公共服务广播的坚定复杂的文化目的在这种商业测量中被夷为平地：钱的价值等同于观众的表现，等同于收视率，代表了价值本身。

米勒（2008）于此讨论的价值三重感和认同感一样重要，在20世纪90年代的道德地位和经济在管理改革中紧密地联系在一起。博姆（2014）认为经济是越来越占主导地位。如何适应节目质量或节目文化内涵等观念返回到现代性，是文化政策的基本问题，这两种价值可能不适合市场形式。解决此问题的管理技术和他们运用的社会科学方法有助于潜在地转化瑞蒂安民族精神到一个更适合现代消费主义的流体（鲍曼，2000）。

英国广播公司管理制度的公共建设，不管是在20世纪90年代的约翰·伯特还是21世纪初的格里戈·代克和马克·汤普森，都显示出鲍曼有力的洞察力。如第4章显示，个性化是非常值得怀疑的，作为消费者的市民建设对公共部门的数字管理形式的发展至关重要。为了使公众的表达适合审计的框架，英国广播公司使用诸如收视率的调查工具来降低公民关系与英国广播公司节目制作之间的复杂性。这在那个时代是极其寻常的文化政策，正如第6章讨论过的。个体观众，参与者或公民的经验被转化。在转化的过程中，公共服务广播和消费者之间出现了新关系。这发生在政府活动层面，媒体政策日益成为竞争法则，作为电视的媒体市场的重要性与卫星、数字平台和放松管制一起扩张。它反映出第1章描述的市场失灵理论的主导地位，这构成了文化政策的问题。尼达姆（2003：5）讨论了社会政策，总结了在公民转化成公民消费者过程中的变化的后果。

> 消费者自我关注，不考虑其他，通过一系列有帮助的、临时的和双边关系形成偏好。问责制是通过竞争和投诉来保证，权力通过集中信号来执行。公民消费者能够同关注共同兴趣、集体协商和讨论为中心的可选择参与性公民模式形成对比，同忠于政治社会和公共参与价值良好本身形成对比。

7.4 政治科学、社会学与文化政策的命运

国家机构和公民消费者之间的这种形式的关系，忽视了某种公共产品的理念。产品本身处于文化政策两难的境地。政府已经内化，尽管是以一种不均衡、不一致的方式使决策形式和评价市场化，以最有效、最积极的方式来执行国家目的。在文化政策方面，对专业的隐性和显性需求呼吁审美的判断，对非积极形式的价值认知需求，似乎次于现行政策范式的优势，使文化适合此框架的问题面对一系列公共政策领域。它也受一系列社会学思想的严格审查。因此，文化政策的困境或许为这些学科和其思考过的问题提供见解。

文化政策通过考虑这本书的主题来完成：现代性的问题、社会生活方式和价值问题，价值问题集中在结论中。英国广播公司努力于此说明处理先前改革和组织重构努力的结果面临的一系列的挑战。他们也说明文化决策的高度政治，而不是单一的美学性质。最后，英国广播公司的讨论指出张力必须

贯穿于现代性、组织的市场形势的需求、专业的信任、公共机构的民主义务和官僚管理的技术冲动之间。

平衡在之前段落中详述的四种势力的潜在方式，源于政治哲学家拉塞尔·基特（1990）的著作。基特与社会学家保罗·盖伊都考虑价值市场的限制。为了理解价格和经济价值，个体需要能做出明智的判断，即关于一个给定的物体和活动如何有助于幸福感，经济学家把这种幸福感看做是他们的有效性。在经济学中，这在价格中体现。为了对有效性做出判断，人们需要幻想一个满意的生活看起来像什么，任何给定的经济决定如何有助于这种想象。培养这种想象的能力大多数可以在文化产品中体现："至少，这是许多文化产品的特征，它们直接或间接地探索人类幸福本身的性质和可能。"同时，"他们的重要性很大程度上在于提供一种手段，这些观众通过此种手段仔细思考其他物品，从而更好判断其价值"（基特，1999：102）。

在理解文化角色的过程中，文化产品的重要方面显示出非市场供给的可能性。若是在市场和价格有限的视野之外没有文化产品，社会将失去为培养文化活动、人工制品和机构提供有效性想法的机会，从而从长远看，破坏了市场本身的运作。个体将会失去市场判断的能力和参与经济学家决定的能力。基于此，文化部门可以协作显示我们市场的局限性，有助于发展一个比起现行的公共决策更广阔的人类活动的视野。

显示市场意识形态局限的文化部门视野可能听起来很牵强或乌托邦。事实上，这当然不意味着文化部门可以大胆地应对有关市场价值、测量和市场限度的复杂疑问。它不应该理解为否定潜在有用性的需求，目前这种有月性能解决公共政策现代性问题。

这个位置与盖伊（2005）的官僚防御相匹配，正如第6章讨论的，作为对待公民个体的手段，这个位置在国家机器面前是平等的。如第2章所述，在公共选择理论中，官僚主义不仅仅是一个利己主义的机构，这个机构会设法使自己的权力和资源最大化，而是代表尼达姆（2003）在前面讨论设法倡导的一组值。

在专注美学、市场和官僚主义的背景下，公民认识间的张力在文化政策中得到很好的体现。在认识审美判断作用的同时，仔细思考官僚主义防御和市场局限是一项复杂的任务。文化政策的议程研究对学术和公众辩论有很大作用。因此，文化政策可以指出社会为决策重新发现市场范式的局限，这种决策把经济学作为其首要的社会科学。目前，赫斯蒙德霍（2005）不得不感叹，一种二次形式的权利附属于政策的实际行动，文化政策可能会被带到中心位置，因为目前，其永不中断的标志、符号和通信是现代性中经济社会的核心问题。

参考文献

Abreu, M., Faggian, A., Comunian, R. and McCann, P. (2011) " 'Life is short, art is long": from Bohemian graduates to the creative class' *Annals of Regional Science* 49 (2) 305−21

ACE (2002) *Beyond boundaries: the arts after the events of 2001* London: Arts Council of England

ACE (2010) *Achieving great art for everyone* London: Arts Council England

ACE (2011) *Internships in the arts* available from http://www.artcouncil. org.uk/media/uploads/internships_in_the_arts_final.pdf accessed 29/5/2013

Adorno, T. and Horkheimer, M. (1997) *Dialectic of enlightenment* London: Verso

Ahearne, J. (2009) 'Cultural policy implicit and explicit: a distinction and some uses' *International Journal of Cultural Policy* 15 (2) 141−53

Ahearne, J. (2010) *Intellectuals, culture and public policy in France* Liverpool: Liverpool University Press

AHRC (2013) *The AHRC cultural value project* available from http://www.ahrc.ac.uk/Funded-Research/Funded-themes-and-programmes/Cultural-Value-Project/Documents/Cultural_Value_Project.pdf accessed 2/6/2013

Alford, J. and O'Flynn, J. (2009) 'Making sense of public value: concepts, critiques and emergent meanings' *International Journal of Public Administration* 32 (3−4) 171−91

Althusser, L. （2005） *For Marx* London： Verso

Amin, A. （1994） *Post-Fordism： a reader* Oxford： Blackwell

Anderson, B. （2006） *Imagined communities* London： Verso

Anderson, B. and Holden, A. （2008） 'Affective urbanism and the event of hope' *Space and Culture* 11 （2） 142—59

APS （2007） *Tackling wicked problems： a public policy perspective* available from http： //www.apsc.gov.au/publications-and-media/archive/publications-archive/tackling-wicked-problems accessed 10/3/2013

Arendt, H. （2006） *Eichmann in Jerusalem* London： Penguin

Arnold, M. （1993） *Culture and anarchy and other writings* Cambridge： Cambridge University Press

Arrow, K. （1974） *The limits of organization* New York： Norton

Arts Council of Great Britain （1985） *A Great British success story* London： Arts Council of Great Britain

Atkinson, H. and Wilks-Heeg, S. （2000） *Local government from Thatcher to Blair： the politics of creative autonomy* Cambridge： Polity

Bagaeen, S. （2007） 'Brand Dubai： the instant city; or the instantly recognizable city' *International Planning Studies* 12 （2） 173—97

Bailey, C., Miles, S. and Stark, P. （2004） 'Culture-led urban regeneration and the revitalisation of identities in Newcastle, Gateshead and the North East of England' *International Journal of Cultural Policy* 10 （1） 47—65

Bakhshi, H. and Throsby, D. （2010） *Culture of innovation： an economic analysis of innovation in arts and cultural organisations* London： NESTA

Bakhshi, H., McVittie, E. and Simmie, J. （2008） Creating innovation

London: NESTA

Bakhshi, H., Mateos-Garcia, J. and Throsby, D. (2010) *Beyond live: digital innovation in the performing arts* London: NESTA

Bakhshi, H., Freeman, A. and Higgs, P. (2013) *A dynamic mapping of the creative industries* available from http://www.nesta.org.uk/areas_of_work/creative_economy/asserts/features/a_dynamic_mapping_of_the_uks_creative_industri-es accessed 29/5/2013

Ball, L., Pollard, E. and Stanley, N. (2010) *Creative graduates creative futures* available from http://www.employment-studies.co.uk/pubs/report.php?id=471 accessed 18/5/2013

Ball, S.J. (2009) 'Beyond networks? A brief response to "Which networks matter in education governance?"' *Political Studies* 57 (3) 688−91

Banks, M. (2009) . 'Fit and working again? The instrumental leisure of the "creative class"' *Environment and Planning A* 41 (3) 668−81

Barnett, S. and Seaton, J. (2010) 'Why the BBC matters' *The Political Quarterly* 81 (3) 327−32

Bate, J. (2010) *The public value of the humanities* London: Bloomsbury

Baudrillard, J. (1998) *The consumer society* London: Sage

Bauman, Z. (1989) *Modernity and the Holocaust* Cambridge: Polity

Bauman, Z. (2000) *Liquid modernity* Cambridge: Polity

Bauman, Z. (2004) 'Culture and management' *Parrallax* 10 (2) 63−72

Baumol, W. and Bowen, W. (1966) *Performing arts: the economic dilemma* New York: The Twentieth Century Fund

Beck, U. (1992) *Risk society* London: Sage

Beck, U., Giddens, A., and Lash, S. (1994) *Reflexive modernization* Stanford: Stanford University Press

Beckert, J. (2010) 'The transcending power of goods' *MPIfG Discussion paper* 10/4 available from www.mpifg.de/pu/mpifg_dp/dp10−4.pdf? accessed 18/5/2013

Beech, N. and Townley, B. (eds) (2010) *Managing creativity: exploring the paradox* Cambridge: Cambridge University Press pp. 87−105

Belchem, J. (2000) *Merseypride: essays in Liverpool Exceptionalism* Liverpool: Liverpool University Press

Belchem, J. (ed.) (2006) *Liverpool 800 culture, character, history* Liverpool: Liverpool University Press

Belfiore, E. (2002) 'Art as a means of alleviating social exclusion' *International Journal of Cultural Policy* 8 (1) 91−106

Belfiore, E. (2013) *Cultural value: a central issue for the cultural policy community* available from http://culturalvalueinitiative.org/2012/08/30/cultural-value-a-central-issue-for-the-cultural-policy-community/ accessed 2/6/2013

Bell, D. (1974) *The coming of post-industrial society* London: Heinemann

Bell, S. and Hindmoor, A. (2009) *Rethinking governance* Cambridge: Cambridge University Press

Benington, J. (2009) 'Creating the public in order to crative public value?' *International Journal of Public Administration* 32 (3−4), 232−49

Benington, J. and Moore, M. (eds) (2011) *Public value: theory and practice* Basingstoke: Palgrave Macmillan

Bennett, O. and Belfiore, E. (2008) *The social impact of the arts: an intellectual history* Basingstoke： Palgrave Macmillan

Bennett, T. （1992）'Putting policy into cultural policy studies'in Grossber, L., Nelson, C.and Treicher, P. （eds） *Cultural Studies* London： Routledge pp. 23-37

Bennett, T. （2005）'Civic laboratories： museums, cultural objecthood and the govemance of the social' *Cultural Studies,*19 （5）, 521-47

Bennett, T., Savage, M., Silva, E., Warde, A., Gayo-Cal, M. and Wright, D. （2009） *Culture, class and distinction* Abingdon： Routledge

Berger, P. and Luckmann,T. （1991） *The social construction of reality* London： Penguin

Berman, M. （1982） *All that is solid melts into air* London： Verso

Berridge, V. （1996） *AIDS in the UK： the making of a policy 1981—1984* Oxford： Oxford University Press

Betancourt, M. （2010） *Immaterial value and scarcity in digital capitalism* available from http：//www.ctheory.net/articles.aspx?id=652 accessed 10/3/2013

Bevir, M. （2005） *New Labour: a critique* Abingdon： Routledge

Bevir, M. （2010） *Democratic govemance* Princeton： Princeton University Press

Bevir, M. and Rhodes, R. （2003a）'Searching for patterns of civil society' *Public Administration* 81 （1） 41-62

Bevir, M. and Rhodes, R. （2003b） *Interpreting British governance* London： Routledge

Bevir, M. and Richards, D. （2009）'Decentring policy networks： a theoretical agenda' *Public Administrstion* 87 （1） 3-14

Bianchini, F. （1989a） *Urban renaissance? The arts and the urban regeneration process in 1980s Britain* Centre for Urban Studies Working Paper No. 7. Liverpool：University of Liverpool

Bianchini, F. （1989b）'Cultural policy and urban social movements：the response of the new left in Rome （1976—1985） and London （1981—1986）' in Bramham, P., Henry, I., Mommaas, H. and van der Poel, H. （eds） *Leisure and urban processes* London：Routledge pp. 18－46

Bianchini, F. （1990）'Urban renaissance? The arts and the urban regeneration process' in McGregor, S. and Pimlott, B. （eds） *Tackling the inner cities* Oxford：Clarendon Press pp. 215－50

Bianchini, F. （1993）'Remaking European cities：the role of cultural policies' in Bianchini, F. and Parkinson, M. （eds） *Cultural policy and urban regeneration：the West European experience* Manchester：Manchester University Press. pp. 1－19

Bianchini , F. （2001） *The relationship between cultural resources and urban tourism policies* Glasgow：University of Glasgow

Bianchini, F. and Parkinson, M. （1993） *Cultural policy and urban regeneration：the West European experience* Manchester：Manchester University Press

Biggs, B. （2007）'Welcome to the pleasure dome：art in Liverpool 1988—1999' in Grunenberg, C. and Knifton, R. （eds） *Liverpool centre of the creative universe：Liverpool and the avant - garde* Liverpool：Liverpool University Press pp. 182－201

Biggs, B. and Sheldon, J. （2009） *Art in a city revisited* Liverpool：Liverpool University Press

Bilton, C. and Leary, R. (2002) 'What can managers do for creativity? Brokering creativity in the creative industries' *International Journal of Cultural Policy* 8 (1) 49–64

Bishop, C. (2012) *Artificial hells* London: Verso

Blaug, R., Horner, L. and Lekhi, R. (2006) *Public value, citizen expectations and user commitment: a literature review* London: The Work Foundation

Blunkett, D. (2000) *Influence or irrelevance: can social science improve government?* Swindon: Economic and Social Research Council, and Department for Education and Employment

Boland, P. (2008) 'The construction of images of people and place: labeling Liverpool and stereotyping Scousers' *Cities: The International Journal of Urban Policy and Planning* 25 (6) 355–69

Boltanski, L. and Chiapello, E. (2007) *The new spirit of capitalism* London: Verso

Bonet, L. (2003) 'Cultural tourism' in Towse, R. (ed) *A handbook of cultural economics* Cheltenham: Edward Elgar Publishing pp. 187–94

Booth, P. and Boyle, R. (1993) 'See Glasgow, see culture' in Bianchini, F. and Parkinson, M. (eds) *Cultural policy and urban regeneration: the West European experience* Manchester: Manchester University Press

Born, G. (2004) *Uncertain vision* London: Secker and Warburg

Bourdieu, P. (1984) *Distinction: a social critique of the judgment of taste* Harvard: Harvard University Press

Bourdieu, P. (1994) 'Rethinking the state: genesis and structure of the bureaucratic field' *Sociology Theory* 12 (1) 1–18

Bowen, P. （1999） *A gallery to play to: the story of the Mersey poets* Exeter: Stride Publications

Boyle, M. and Hughes, G. （1994） 'The politics of urban entrepreneurialism in Glasgow' *Geoforum* 25 （4） 453-70

Bradley, D., Bradley, J., Coombes, M. and Tranos, E. （2009） *Sense of place and social capital in the historic built environment: report of research for English Heritage* Newcastle-upon-Tyne: CURDS, University of Newcastle

Brown,A and Novak,J. （2007） *Assessing the intrinsic impact of live performance* available from http://wolfbrown.com/ images/books/ Impact Study Final Version Full Report. pdf accessed 25/9/2010

Bunting, C. （2007） *Public value and the arts in England* London: Arts Council England

Burchell, G., Gordon, C. and Miller, P. （eds）（1991） *The Foucault effect* Chicago: University of Chicago Press

Burnham,A. （2009） 'Andy Burnham's speech to University of Liverpool: five lessons from Liverpool's year as capital of culture' available from http://www.culture.gov.uk/reference_library/minister_speeches/6182.aspx/accessed 10/7/2011

Burnham, J. and Horton, S. （2013） Public management in the UK Basingstoke: Palgrave Macmillan

Butler, J. （1990） *Gender trouble* London: Routledge

Cain, P. and Hopkins, A. （2002） *British Imperialism* London: Pearson

Cairney, P. （2012） *Understanding public policy* Basingstoke: Palgrave Macmillan

Callon, M. （2006） 'What does it mean to say that economics is performative?' *CSI Working paper series No. 5* Paris： CSI

Campbell, A. （2011） *Diaries volume one： prelude to power* London： Arrow

Campbell, P. （2011） 'Creative industries in a European Capital of Culture' *International Journal of Cultural Policy* 17 （5） 510−22

Campbell, P. （2013）： *Imaginary success? The contentious ascendance of creativity* European Planning Studies DOI： 10.1080/09654313.2012.753993

Carey. J. （2005） *What good are the arts?* London： Faber & Faber

CASE （2010） *Understanding the value of engagement in culture and sport： technical report* available from http：//www.culture.gov.uk/what_we_do/research_and_statistics/7275.aspx accessed 25/9/2010

Castells, M. （1996） *The rise of the network society* Oxford： Blackwell

Castells, M. （2000） 'Materials for an exploratory theory of the network society' *British Journal of Sociology* 51 （1） 5−24

Castells, M. （2004） *The Power of Identity* London： Blackwell

Chan, T. and Goldthorpe, J. （2007） 'The social stratification of cultural consumption： some policy implications of a research project' *Cultural Trends* 16 （4） 373−84

Chapain, C. and Comunian, R. （2010） 'Enabling or inhibiting the creative economy： the role of the local and regional dimension in England' *Regional Studies* 44 （6） 717−34

Chatterton, P. and Hollands, R. （2001） *Changing our 'toon'： youth, nightlife and urban change in Newcastle* Newcastle - upon - Tyne： University of Newcastle Press

Chiapello, E. （2004） 'Evolution and co-optation. The artist critique of management and capitalism' *Third Text* 18 （6） 585-94

Chong, D. （2010） *Arts management* Abingdon: Routledge

Christophers, B. （2008） 'The BBC, the creative class, and neo-liberal urbanism in the north of England' *Environment and Planning A* 40 （2） 313-29

Clark, K. （ed.） （2006） *Capturing the public value of heritage: the proceedings of the London conference 25-26 January 2006* London: English Heritage

Clark, K. and Maeer, G. （2008） 'The cultural value of heritage: evidence from the Heritage Lottery Fund' *Cultural Trends* 17 （1） 23-56

Cochrane, A. , Peck, J. and Tickell, A. （1996） 'Manchester plays games' *Urban Studies* 33 （8） 1319-36

Cocks, M. （2009） 'Governance arrangements from a regulationist perspective: the case of Liverpool' *Local Economy* 24 （6-7） 456-72

Coleman, R. （2004） *Reclaiming the streets: surveillance, social control and the city* Collompton: Willian Publishing

Comunian, R., Faggian, A. and Li, Q. （2010） 'Unrewarded careers in the creative class: the strange case of Bohemian graduates' *Papers in Regional Science* 89 （2） 389-410

Couch, C. （2003） *City of change and challenge: urban planning and regeneration in Liverpool* Aldershot: Ashgate

Cowell, R. and Martin, S.J. （2003） 'The joy of joining up: modes of integration in the local givernment modernising agenda' *Environment and Planning C* 21 （1） 159-79

Cowen, T. （2006） *Good and plenty* Princeton: Princeton University Press

Coyle, D. and Woollard, C. (2010) *Public value in practice* London: BBC

Creative and Cultural Skills (2011) *Internships in the arts* available from http://www.artscouncil,org.uk/publication_archive/internships-arts accessed 18/5/2013

Creigh-Tyte, S. and Stiven, G. (2001) 'Why does the government fund the cultural sector?' in Selwood, S. (ed.) *UK cultural sector* London: PSI

David, M. (2010) *Peer to peer and the music industry* London: Sage

Davies, J. (2002) 'The governance of urban regeneration' *Public Administration* 80 (2) 301-22

Davies,J. (2003) 'Partnerships versus regimes: why regime theory cannot explain urban coalitions in the UK' *Journal of Urban Affairs* 25 (3) 253-69

Davies, J. (2004) 'Conjuncture or disjuncture? An institutionalist analysis of local regeneration partnership in the UK' *International Journal of Urban and Regional Research* 28 (3) 570-85

Davies, J. (2005) 'Local governance and the dialectics of hierarchy, market and network' *Policy Studies* 26 (3) 311-35

Davies, P. (2004) Is evidence - based government possible? Jerry Lee Lecture, presented at the 4th Annual Campbell Collaboration Colloquium, Washington

DCMS (1998) *Annual report* London: DCMS

DCMS (1999) *Policy action team 10 report* London: DCMS

DCMS (2000) *Annual report* London: DCMS

DCMS (2001) *Building on PAT 10: progress report on social inclusion* London: DCMS

DCMS （2004） Culture at the heart of regeneration London： DCMS

DCMS （2008） Annual report London： DCMS

DCMS （2009a） *UK City of Culture 2013: building guidance* London： DCMS

DCMS （2009b） *UK City of Culture working group report June 2009* London： DCMS

DCMS （2012） *Taking part: the national survey of culture, leisure and sport. Adult and child report 2011/12* London： DCMS

Dean, M. （2010） *Governmentality* London： Sage

Deffner, A. and Labrianidis, L. （2005） 'Planning culture and time in a mega - event: Thessaloniki as the European City of Culture in 1997' *International Planning Studies* 10 （3） 241−64

Delanty, G. （1999） *Social theory in a changing world* Cambridge： Polity

Denters, B. and Rose, L. （2005） 'Local governance in the third millennium: a brave new world?' in Denters, B. and Rose, L. （eds） *Comparing local governance. Trends and developments* New York： Palgrave MacMillan pp. 1−11

Donoghue, D. （1983） *The arts without mystery* London： BBC

Drummond, B. （2008） 'Liverpool will never let you down' in the Grunenberg, C. and Knifton, R. （eds） *Liverpool centre of the creative universe: Liverpool and the avant-garde* Liverpool： Liverpool University Press pp. 230−35

DuGay, P. （2000） *In praise of bureaucracy* London： Sage

DuGay, P. （2005） *The values of bureaucracy* Oxford： Oxford University Press

DuGay, P. （2009）'In defence of mandarins: recovering the "core business" of public management' *Management and Organisational History* 4 （4）359−84

DuGay, P. and Pryke, M. （eds）（2002）*Cultural economy* London: Sage

DuGay, P., Hall, S, L., MacKay, H. and Negus, K. （1997）*Doing cultural studies* London: Sage

Dunleavy, P. and Hood, C. （1994）'From old public administration to the new public management' *Public Money and Management* 14 （3）9−16

Du Noyer, P. （2002）*Liverpool: wondrous place—music from Cavern to Cream* London: Virgin Books

Durkheim, E. （1997）*The division of labor in society* New York: Free Press

Durrer,V. （2008）'Theoretical perspectives on New Labour's cultural policy: art museaums as vehicles for social inclusion' *Museological Review* 13 11−28

Durrer, V. and O'Brien, D. （2013）'Arts promotion' in McGuire, J. and Matthews, J. （eds）*The cultural intermediaries reader* London: Sage

Edgar, D. （2012）'Why fund the arts?' *The Guardian* Thursday 5th Junuary 2012

Eisenstadt, N. （2011）*Providing a sure start: how government discovered early childhood* Bristol: Policy Press

Elcock, H. （1990）'What values for urban politics?' *Parliamentary Affairs* 43 （3）384−99

Elias, N. （2000）*The civilizing process. Sociogenetic and psychogenetic investigations* （Revised edition of 1994）Oxford: Blackwell

Ellis, A. （2003） *Valuing culture* available at http：//www.demos.co.uk/files/File/VACUAEllis.pdf accessed 21/3/2012

Elstein, D. （2004） *Building public value：the BBC's new philosophy* London：IEA

Engelen, E., Erturk, I., Found, J., Johsl, S., Leaver, A., Moran, M., Nilsson, A. and Williams, K. （2011） *After the great complacence：financial crisis and the politics of reform* Oxford：Oxford University Press

Eriksson, L. （2011） *Rational choice theory* London：Palgrave Macmillan

Espeland, W. （2001） 'Value - matters' *Economic and political weekly* 26th May 1839−45

Espeland, W. and Sauder, M. （2007） 'Rankings and reactivity：how public measures recreate social worlds' *American Journal of Sociology* 113 （1） 1−40

Espeland, W. and Stevens, M. （1998） 'Commensuration as a social process' *Annual Review of Sociology* 24 313−43

Evans, G. （2001） *Cultural planning：an urban renaissance?* Lodon：Routledge

Evans, G. （2003） 'Hard-branding the cultural city from Prado to Prada' *International Journal of Urban and Regional Research* 27 （2） 417−40

Evans, G. （2005） 'Measure for measure：evaluating the evidence of culture's contribution to regeneration' *Urban Studies* 42 （5/6） 959−85

Evans, G. and Shaw, P. （2004） *The contribution of culture to regeneration in the UK* London：London Met

Ferlie, E., Ashburner, L., FitzGerald, L. and Pettigrew, A. （1996） *The new public management in action* Oxford：Oxford University Press

Flew, T. （2012） *The creative industries* London： Sage

Florida, R. （2002） *The rise of the creative class* New York： Basic Books

Foray, D., and Lundvall, B. （1996） *Employment and growth in a knowledge-based economy* Paris： OECD

Fourcade, M. （2010） 'Price and prejudice： on economics and the enchantment/disenchantment of nature' in Beckett, J. and Aspers, P. （eds） *The worth of goods* Oxford： Oxford University Press pp.41-63

Foucault, M. （1984） 'What is enlightenment' in Rabinow, P. （ed.） *The Foucault reader* London： Penguin pp.32-45

Foucault, M. （2002） *The birth of the clinic* London： Routledge Classics

Foucault, M. （2003） *Abnormal* London： Verso

Foucault, M. （2007） *Security, territory, population* Basingstoke： Palgrave Macmillan

Freeland, C. （2012） *Plutocrats* London： Allan Lane

Friedman, S. （2012） 'Cultural omnivores or culturally homeless?' *Poetics* 40 467-89

Froud, J., Johal, S., Law, J., Leaver, A. and Williams, K. （2011） *Knowing what to do? How not to build trains* Manchester： CRESC

Froud, J., Johal, S., Leaver, A. and Williams, K. （2012） *Apple business model： financialisation across the Pacific* Manchester： CRESC

Gains, F., John, P. and Stoker, G. （2005） 'Path dependency and the reform of English local government' *Public Administration* 83 （1） 25-48

Galloway, S. （2008） *The evidence base for arts and culture policy* Edinburgh： Scottish Arts Council

Gamble, A. (1994) *The free economy and the strong state* Basingstoke: Palgrave Macmillan

Gane, N. (2004) *Max Weber and postmodern theory* Basingstoke: Palgrave Macmillan

Garcia, B. (2004) 'Cultural policy and urban regeneration in Western European cities: lessons from experience, prospects for the future' *Local Economy* 19 (4) 312-26

Garcia, B. (2005) 'Deconstructing the City of Culture' *Urban Studies* 42 (5/6) 841-69

Garcia, B., Melville, R. and Cox, T. (2010) *Creating an impact: Liverpool's experience as European Capital of Culture* Liverpool: Impacts08

Garnham, N. (2005) 'From cultural to creative industries' *International Journal of Cultural Policy* 11 (1) 15-29

Gathercole, S. (2007) 'Facts and fictions: Liverpool and the avant-garde in the late-1960s and 70s' in Grunenberg, C., and Knifton, R. (eds) *Liverpool centre of the creative universe: Liverpool and the avant-garde* Liverpool: Liverpool University Press pp. 112-29

Gibson, L. (2008) 'In defence of instrumentality' *Cultural Trends* 17 (4) 247-57

Giddens, A. (1984) *The constitution of society. Outline of the theory of structuration* Cambridge: Polity

Giddens, A. (1991) *Modernity and self-identity* Cambridge: Polity

Giddens, A. (1999) *Runway world* London: Profile Books

Gill, R. (2009a) 'Creative biographies in new media: social innovation in web work' in Jeffcutt, P. and Pratt, A. (eds) *Creativity and innovation* Abingdon: Routledge

Gill, R. (2010) ' "Life is a pitch": managing the self in new media work' in Deuze M. (ed.) *Managing media work* London: Sage

Gill, R. and Pratt, A. (2008) 'In the social factory? Immaterial labour, precariousness and cultural work' *Theory, Culture Society* 25 (7-8) 1-30

Goldsmith, B. and O'Gegan, T. (2003) *Cinema cities, media cities: the contemporary international studio complex* Sydney: Australian Film Commission

Gray, A. and Hood, C. (2007) 'Public management by numbers' *Public Money and Management* 27 (2) 89

Gray, C. (2002) 'Local government and the arts' *Local Government Studies* 28 (1) 77-90

Gray, C. (2006) 'Managing the unmanageable: the politics of cultural planning' *Public Policy and Administration* 21 (2) 101-13

Gray, C. (2008) 'Arts Council England and public value: a critical review' *International Journal of Cultural Policy* 14 203-15

Gray, C. (2009) 'Managing cultural policy: pitfalls and prospects' Public *Administration* 87 574-85

Gray, C. and Wingfield, M. (2011) 'Are governmental culture departments important? An empirical investigation' *International Journal of Cultural Policy* 17 (5) 590-604

Green, M. and Wilding, M. (1970) *Cultural policy in Great Britain* Paris: UNESCO

Gregg, M. (2011) *Work's intimacy* Cambridge: Polity

Griffiths, R. (1995)'Cultural strategies and new modes of urban intervention'*Cities: The International Journal of Urban Policy and Planning* 12（4）253-65

Griffiths, D., Miles, A. and Savage, M.（2008）'The end of the English cultural elite' in Savage, M. and Williams, K.（eds）*Remembering elites* Oxford：Blackwell pp.187-209

Griffiths, R.（2006）'City/culture discourses：evidence from the competition to select the European Capital of Culture 2008'*European Planning Studies* 14（4）415-30

Grix, J.（2010）'The "governance" debate and the study of sport policy'*International Journal of Sport Policy* 2（2）159-71

Grunenberg, C. and Knifton, R.（eds）（2007）*Centre of the creative universe: Liverpool and the avant-garde* Liverpool：University of Liverpool Press

Habermas, J.（1990）*The philosophical discourse of modernity* Cambridge：Polity

Hall, P.（1999）*Cities in civilization* London：Phoenix

Hall, S. and Gieben, B.（1992）*Formations of modernity* Cambridge：Polity

Hall, S., Held, D. and McGrew, T.（1992）*Modernity and its futures* Cambridge：Polity

Hallsworth, M. with Parker, S. and Rutter, J.（2011）*Policy making in the real world* London：Institute for Government

Hardt, M. and Negri, T.（2007）*Empire* Harvard：Harvard University Press

Hartmann, H.（1979）'The unhappy marriage of Marxism and feminism'*Capital and Class* 3（2）1-33

Harvey, D. （1990） *The condition of postmodernity* Oxford： Blackwell

Harvey, D （2007） *A brief history of neo - liberalism* Oxford： Oxford University Press

Hastings, A. （1999） 'Discourse and urban change： introduction to the special issue' *Urban Studies* 36 （1） 7−12

Hay, C. （1996） *Re - stating social and political change* Maidenhead： Open University Press

Hay, C. （2006） 'What's globalization got to do with it? Economic interdependence and the future of European welfare states' *Government and Opposition* 41 （1） 1−23

Hay, C. （2007） *Why we hate politics* London： Polity

Hay, J. and Couldry, N. （2011） 'Rethinking convergence culture' *Cultural Studies* 25 （4−5） 473−86

Hebdige, D. （1979） *Subculture： the meaning of style* London： Routledge

Heikkinen, T. （2000） 'In from the margins： the city of culture 2000 and the image transformation of Helsinki' *International Journal of Cultural Policy* 6 （2） 201−18

Held, D. （2005） *Debating globalization* Cambridge： Polity

Hennessey, P. （1989） *Whitehall* New York： The Free Press

Hesmondhalgh, D. （2005） 'Media and cultural policy as public policy' *International Journal of Cultural Policy* 11 （1） 95−109

Hesmondhalgh, D. （2010） 'Normativity and social justice in the analysis of creative labour' *Journal for Cultural Research* 14 （3） 231−49

Hesmondhalgh, D. （2013） *The cultural industries* London： Sage

Hesmondhalgh, D. and Baker, S. （2011） *Creative labour* New York: Routledge

Hesmondhalgh, D. and Pratt, A. （2005） 'Cultural industries and cultural policy' *International Journal of Cultural Policy* 11 （1） 1-13

Hewison, R. （1995） *Culture and consensus: England, art and politics since 1940* Methuen: London

Hewison, R. （2002） 'Looking in the wrong place' *Cultural Trends* 12 47-89

Hewison, R. （2006） *Not a sideshow: leadership and cultural value* London: Demos

Hewison, R. （2011） 'Creative Britain: myth or monument' *Cultural Trends* 20 （3-4） 235-42

Hewitson, D. （2008） *The Liverpool boys are back in town* Liverpool: The Bluecoat Press

HMT （2003） *The green book: appraisal and evaluation in central government* London: HMT

Hobsbawm, E. and Ranger, T. （eds） （2012） *The invention of tradition* Cambridge: Cambridge University Press

Hodder, I. （2012） *Entangled an archaeology of the relationships between humans and things* London: Wiley-Blackwell

Hoggart, R. （1957） *The uses of literacy* Harmondsworth: Penguin

Holden, J. （2004） *Capturing cultural value: how culture has become a tool of government policy* London: Demos

Hood, C. （2007） 'Public service management by numbers: Why does it vary? Where has it come from? What are the gaps and the puzzles?' *Public Money and Management* 27（2）95-102

Hood, C.（2008）'Options for Britain: measuring and managing public services performance' *The Political Quarterly* 79（sl）7-18

Hood, C.（2012）Public management by numbers as a performance - enhancing drug: two hypotheses *Public Administration Review* 72

Hood, C. and Lodge, M.（2006）'From Sir Humphrey to Sir Nigel: what future for the public service bargain after Blairworld' *The Political Quarterly* 77（3）360-68

Hooper-Greenhill, E.（2004）'Measuring learning outcomes in museums, archives and libraries: the learning impact research project（LIRP）'*International Journal of Heritage Studies* 10（2）151-74

Hope, S. and Figiel, J.（2011）*Intern culture* London: ArtQuest

Horner, L., Fauth, R. and Mahdon, M. *Creating public value: case studies* available at http: //www.theworkfoundation.com/downloadpublication/report/108_108_pv_case_studies.pdf accessed 29/11/2012

Howkins, J.（2002）*The creative economy* London: Penguin

Hudson,M.and Hawkins,N.（2006）'A tale of two cities-a commentary on historic and current marketing strategies used by the Liverpool and Glasgow regions' *Place Branding* 2（2）155-76

Hunt, J.（2011）*Marking ten years of free entry to our national museums* available from http: //blogs.culture.gov.uk/main /2011/12/marking_ten _years_of_free_entr_1.html accessed/2012

Hutton, W.（2008）*Writing on the wall: China and the West in the 21st century* London: Abacus

IEA (2012) '*Closing down DCMS could save £ 1.6 billion*' available from http://www.iea.org.uk/in-the-media/press-release/closing-down-dcms-could-save-%C2%A316bn accessed 2/6/2013

Illych, I. (1995) *Deschooling society* London: Marion Boyers Publishing

Jacobson, H. (2006) 'Thanks to our abhorrence of grammar, we have raised a generation of blithering idiots' *The Independent* 1st April

Jacobson, H. (2008) 'Howard Jacobson on the Halle: how an orchestra changed my life' *The Independent* 11th January

Jameson, F. (1992) *Postmodernism, or the cultural logic of late capitalism* London: Verso

Jancovich, L. (2011) 'Great art for everyone? Engagement and participation policy in the arts' *Cultural Trends* 20 (3-4) 271-79

Jaques, M. (2012) *When China rules the world* London: Penguin

Jay, P. (2001) *Road to riches* London: Phoenix Press

Jayne, M. (2004) 'Culture that works: creative industries development in a working-class city' *Capital and Class* 84 199-210

Jenkins, H. (2006) *Convergence culture* New York: New York University Press

Jensen, O. (2007) 'Culture stories: understanding cultural urban branding' *Planning theory* 6 (3) 11-36

Jessop, B. (1991) 'Thatcherism and flexibility: the white heat of a post-Fordist revolution' in Jessop, B., Kastendick, H., Nielsen, K. and Pedersen, O. (eds) *The politics of flexibility* Aldershot: Edward Elgar pp.75-94

Jessop, B. （1997） 'Capitalism and its future' *Review of International Political Economy* 4 （3） 561−81

Jessop, B. （2002） 'Governance and metagovernance: on reflexivity, requisite variety, and requisite irony' Lancaster: Department of Sociology, Lancaster University available from http: //www.lancs.ac.uk/fass/sociology// papers/jessop-governamce-and-metagovernance.pdf accessed 14/9/2007

Jessop, B. （2004） 'Critical semiotic analysis and cultural political economy' *Critical Discourse Studies* 1 159−74

Johnson, L. （2009） *Cultural capitals* Ashgate: Farnham

Jones, O. （2012） Chavs: *the demonization of the working class* London: Verso

Jones, P., and Wilks-Heeg, S. （2004） 'Capitalizing culture' *Local economy* 19 （4） 341−60

Jowett, T. （2004） *Government and the value of culture* London: HMSO

Joyce, P. （2003） *The rule of freedom: liberalism and the city in Britain* London: Verso

Kawashima, N. （2004） *Planning for equality* Warwick: Centre for Cultural Policy Studies, University of Warwick

Keat, R. （1999） 'Market boundaries and the commodification of culture' in Ray, L. and Sayers, S. （eds） *Culture and economy: after the cultural turn* London: Sage pp 92−111

Keat, R. （2000） 'Consumer sovereignty and the integrity of practices' in Keat, R. （ed.） *Cultural goods and the limits of the market* London: Palgrave Macmillan pp. 19−32

Khurana, R. （2007） *From higher aims to hired hands: the social transformation of American business schools* Princeton: Princeton University Press

Korsgaard, C. （2010） 'Valuing our humanity' available from http: // www.people.fas.harvard.edu/ ~ korsgaar/CMK.Valuing.Our.Humanity.pdf accessed 18/5/2013

Laing, R. （1960） *The divided self: an existential study in sanity and madness* Harmondsworth: Penguin

Lamarque, P. （2010） 'The uselessness of art' *Journal of Aesthetics and Art Criticism* 68 （3） 205-14

Landry, C. （2000） *The creative city: a toolkit for urban innovators* London: Earthscan

Landry, C. and Bianchini, F. （1995） T*he creative city* London: Demos

Landry, C., Green, L., Matarasso, F. and Bianchini, F. （1996） *The art of regeneration: urban renewal through cultural activity* Stroud: Comedia

Lash, S. and Lury, C. （2007） *Global culture industry* Cambridge: Polity

Lash, S. and Urry, J. （1994） *Economies of signs and space* London: Sage

Law, C. （1992） 'Urban tourism and its contribution to economic regeneration' *Urban Studies* 29 （3/4） 599-618

Law, J. and Urry, J. （2004） 'Enacting the social' *Economy and society* 33 （3） 390-410

Law, J., Ruppert, E. and Savage, M. （2011） *The double social life of methods Milton* Keynes: CRESC

LCC （2003） *Executive summary of the bid for European Capital of Culture 2008* Liverpool: Liverpool City Council

Leach, R. and Barnett, N. （1997）'The new public management and the local government review' *Local Government Studies* 23（3）39−55

Leadbeater, C. （2000）*Living on thin air* London: Penguin

Lee, D., Oakley, K. and Naylor, R. （2011）'The public gets what the public wants? The uses and abuses of public value in contemporary British cultural policy' *International Journal of Cultural Policy* 17（3）289−300

Le Grand, J., Propper, C., and Smith, S. （2008）*The economics of social problems* Basingstoke: Palgrave Macmillan

Leicester, G. and Sharpe, B. （2010）*Producing the future: understanding Watershed's role in ecosystems of cultural innovation* Bristol: Watershed

Levitas, R. （2005）*The inclusive society?* London: Palgrave Macmillan

Lewis, J. and Miller, T. （2003）*Critical cultural policy studies* Oxford: Blackwell

Liverpool Culture Company （2009）*Liverpool 08 European Capital of Culture: the impacts of a year like no other* Liverpool: Liverpool Culture Company

Longmore, J. （2006）'Civic Liverpool: 1680—1800' in Belchem, J. （ed.）*Liverpool 800 culture, character, history* Liverpool: Liverpool University Press pp.113−69

Lorente, P. （1996）'The contribution of the arts scene to the revitalization of declining inner-city areas in Liverpool and Marseilles' in Lorente, P. （ed.）*The role of museums and the arts in the urban regeneration of Liverpool* Leicester: University of Leicester pp.88−114

Lovering, J. （2009）'The recession and the end of planning as we have known it' *International Planning Studies* 14（1）1−6

Lowndes, V. (2001) 'Rescuing Aunt Sally: taking institutional theory seriously in urban politics' *Urban Studies* 38 (11) 1953-71

Lukes, S. (1974) *Power: a radical view* Basingstoke: Macmillan

Luxford, J. (2010) 'Art for art's sake—was it ever thus? A historical perspective' in Beech, N. and Townley, B. (eds) *Managing creativity: exploring the paradox* Cambridge: Cambridge University Press pp. 87-105

Lyotard, J.- F. (1984) *The postmodern condition* Manchester: Manchester University Press.

MacKenzie, D. (2005) ' Is economics performative?' lecture presented at the History of Economics Society 25th June

McGuigan, J. (1996) *Culture and the public sphere* London: Routledge

McGuigan, J. (2003) 'Cultural policy studies' in Lewis, J. and Miller, T. (eds) *Critical cultural policy studies* Oxford: Blackwell pp. 23-42

McGuigan, J. (2004) *Rethinking cultural policy* Maidenhead: Open University Press

McGuigan, J. (2005) 'Neo - liberalism, culture and policy' *International Journal of Cultural Policy* 11 (3) 229-41

McLean, I. (1987) *Public choice: an introduction* Oxford: Blackwell

McMaster, B. (2008) *McMaster Review: supporting excellence in the arts* London: Arts Council England

McRobbie, A. (2002) 'Clubs to companies' *Cultural Studies* 16(4)516-31

McRobbie, A. (2010) *Rethinking creative economy as radical social enterprise* paper presented at 'Art and Labour' conference, Glasgow, November

Marx, K. (1845) *The German ideology* available from http: //www.

marxists.org/archive/marx/works/1845/german-ideology/ch01a.htm accessed 18/5/2013

Mason, R. (2002) 'Assessing values in conversation planning' in de la Torre, E. (ed.) *Assessing the value of cultural heritage* Los Angeles: The Getty Conservation Institute pp 5－31

Mazzucato, M. (2011) *The entrepreneurial state* London: Demos

Meegan, R. (2003) 'Urban regeneration, politics and social cohesion: the Liverpool case' in Munck, R. (ed.) *Reinventing the city? Liverpool in comparative perspective* Liverpool: Liverpool University Press pp. 53－80

Merli, P. (2002) 'Evaluating the social impact of participation in arts activities: a critical review of Francois Matarasso's "Use or ornament?"' *International Journal of Cultural Policy* 8 (1) 107－18

Meynhardt, T. (2009) 'Public value inside: What is public value creation?' *International Journal of Public Administration* 32 (3－4) 192－219

Miles, A., and Sullivan, A. (2012) 'Understanding participation in culture and sport: mixing methods, reordering knowledges' *Cultural Trends* 21 (4) 311－24

Miles, A., Savage, M., and Bühlmann, F. (2011) 'Telling a modest story: accounts of men's upward mobility from the National Child Development Study' *British Journal of Sociology* 62 (3) 418－41

Miles, M. (2005) 'Interruptions: testing the rhetoric of culturally led urban development' *Urban Studies* 42 (5/6) 889－911

Miles, S. (2004) 'NewcastleGateshead Quayside: cultural investment and identities of resistance' *Capital and Class*, 84 183－190

Miles, S. (2010) *Spaces for Consumption* London: Sage

Miles, S. and Paddison, R. (2005) 'Introduction: the rise and rise of culture-led urban regeneration' *Urban Studies* 42 (5) 833–9

Miller, D. (2003) 'The virtual moment' *Journal of the Royal Anthropological Institute* 9 57–75

Miller, D. (2008) '*The uses of value*' *Geoforum* 39 1122–32

Miller, P. (2011) *The calculating self* paper presented at 'The Foucault Effect 1991—2001', Birkbeck College, London, 3rd and 4th June

Miller, P. and Rose, R. (2008) *Governing the present* Cambridge: Polity

Miller, T. (2012) *Blow up the humanities* Philadelphia: Temple University Press

Miller, T., Govil, N., Mcmurria, J., Maxwell, R. and Wang, T. (2011) *Global Hollywood* Berkley: University of California Press

Minton, A. (2003) *Northern soul: culture, creativity and quality of place in Newcastle and Gateshead*. London: Demos

Mitchell, T. (2002) *Rule of experts* Berkeley: University of California Press

Montgomery, J. (2003) 'Cultural quarters as mechanisms for urban regeneration. Part 1: Conceptualising cultural quarters' *Planning Practice and Research* 18 (4) 293–306

Mooney, G. (2004) Cultural policy as urban transformation? Critical reflections on Glasgow, European City of Culture 1990 *Local Economy*, 19 (4) 327–40

Moore, M. (1995) *Creating public value: strategic management in government* Harvard: Harvard University Press

Moss, L. （2002） 'Sheffield's cultural industries quarter 20 years on: what can be learned from a pioneering example?' *International Journal of Cultural Policy* 8 （2） 211-19

Mould, O. （2013） 'Mediating creative cities: the role of planned media cities in the geographies of creative industry activity' in Derruder, B., Conventz, S., Thierstein A. and Witlox, F. （eds） *Hub cities in the knowledge economy: seaports, airports, brainports* Farnham: Ashgate

Moulier Boutang, Y. （2011） *Cognitive capitalism* Cambridge: Polity

Mulgan, G. and Worpole, K. （1986） *Saturday night or Sunday morning? From arts to Industry—new forms of cultural policy* London: Comedia

Murden, J. （2006） 'City of change and challenge: Liverpool since 1945' in Belchem, J. （ed.） *Liverpool 800 culture, character, history.* Liverpool: Liverpool University Press

Myerscough, J. （1988） *The economic importance of the arts on Merseyside* London: Policy Studies Institute

Mythen, G. （2004） *Ulrich Bech: a critical introduction to the risk society* London: Pluto

Naughton, M. （2005） ' "Evidence-based policy" and the government of the criminal justice system—only of the evidence fits!' *Critical Social Policy* 25 （10） 47-69

NEA （2012） *How art works* Washington DC: NEA

Needham, C. （2003） *Citizen-consumers: New Labour's marketplace democracy* London: Catalyst Forum

Newman, A. and Mclean, F. （2004a） ' Capital and the evaluation of the museum experience' *International Journal of Cultural Studies* 7（4）480−98

Newman, A. and Mclean, F. （2006）'The impact of museums upon identity' *International Journal of Cultural Policy* 10（2）167−81

Newman, A. and McLean, F. （2006）'The impact of museums upon identity' *International Journal of Heritage Studies* 12（1）49−68

Nielsen, K. （1991）'Towards a flexible future−theories and politics' in Jessop, B., Kastendick, H., Nielsen, K. and Pedersen, O. （eds）*The politics of flexibility* Aldershot: Edward Elgar pp. 3−33

Noonan, C. （2011）'The BBC and decentralisation: the pilgrimage to Manchester' *International Journal of Cultural Policy* DOI: 10.1080/ 10286632.2011.598516

North, P.and Wilks - Heeg, S. （2004）'Cultural policy and urban regeneration: a special edition of *Local Economy*' *Local Economy* 19（4）305−11

Nutley, S., Davies, H. and Smith, P. （2000）*What works? Evidence - based policy and practice in public services* Bristol: The Policy Press

Nutley, S., Walter, I. and Davies, H. （2007）*Using Evidence* Bristol: Policy Press

NWDA（2009）*Liverpool 08 European Capital of Culture: the impacts of a year like no other* available from http://www.Liverpool08.com/Images/End% 20of% 20Year% 2008% 20brochure% 20COMPLETE% 20FINAL− tcm146− 147580. pdf accessed 8/6/2013

Oakley, K. （2004）'Not so cool Britannia' *International Journal of Cultural Studies* 7（1）67−77

Oakley K （2009）*Art works* London: ACE

O'Brien, D. （2008） 'Who pays the piper?' Research findings for Impacts08 available from http：//www.liv.ac.uk/impacts08/accessed 18/5/2013

O'Brien, D. （2010a） Measuring the value of culture London：DCMS

O'Brien, D. （2010b） 'No cultural policy to speak of：Liverpool 2008' Journal of Policy Research in Tourism, Leisure and Events 2 （2） 113−28

O'Brien, D. （2011） 'Who is in charge? Liverpool, European Capital of Culture 2008 and the governance of cultural planning' Town Planning Review 82 （1） 45−59

O'Brien, D. （2012） 'The culture and sport evidence programme：new forms of evidence and new questions for cultural policy' Cultural Trends 21 （4） 275−80

O'Brien, D. （2013） 'Drowning the deadweight：what free swimming tells us about the policy process' Public Administration 91 （1） 69−82

O'Brien, D. and Cox, T. （2012） 'The "Scouse wedding" and other myths and legends：reflections on the evolution of a "Liverpool model" for culture-led regeneration' Cultural Trends 21 （2） 93−101

O'Brien, D. and Miles, S. （2010） 'Cultural policy as rhetoric and reality：a comparative analysis of policy-making in the peripheral north' Cultural Trends 19 （1−2） 3−13

Ollivier, M. （2008） 'Modes of openness to cultural diversity' Poetics 36 （2−3） 120−47

O'Neil, O. （2002） A question of trust Cambridge：Cambridge University Press

Osborne, D. and Gaebler, T. （1992） Reinventing government New York：

文化政策

Plume Books

Osborne, T. (1994) 'Bureaucracy as vocation: governmentality and administration in nineteenth-century Britain' *Journal of Historical Sociology* 7 (3) 289-313

Osborne, T. (2003) 'Against "creativity": a philistine rant' *Economy and Society* 32 (4) 507-25

Osborne, T. and Rose, N. (1999) 'Do the social sciences create phenomena: the case of public opinion research' *British Journal of Sociology* 50 (3) 367-96

Palmer/Rae (2004) *European cities and capitals of culture* available from http: //ec. europa. eu/culture/key - documents/doc926_en.htm accessed 1/8/2009

Parkinson, M. (2008) *Make no little plans*: the regeneration of Liverpool city centre 1999—2008 available from http: //www. ljmu. ac. uk/EIUA/EIUA_Docs/Liverpool_Vision_Make_No_Little_Plans.pdf accessed 18/5/2013

Parsons, W. (2002) 'From muddling through to muddling up: evidence based policy making and the modernization of British government' *Public Policy and Administration* 17 (3) 43-60

Peacock, A. (2000) 'Public financing of the arts in England' *Fiscal Studies* 21 (2) 171-205

Peck, J. (2005) 'Struggling with the creative class' *International Journal of Urban and Rural Research* 29 (4) 740-70

Peck, J. and Tickell, A. (2002) 'Neoliberalizing space' *Antipode* 34 (3) 380-404

Pennington, M. （2011） *Robust political economy: classical liberalism and the future of public policy* Cheltenham: Edward Elgar

Peterson, R. （1992） 'Understanding audience segmentation: from elite and mass to omnivore and univore' *Poetics* 21 （4） 243-58

Peterson, R. （2005） 'Problems in comparative research: the example of omnivorousness' *Poetics* 33, 257-82

Peterson, R. and Kern, R. （1996） 'Changing highbrow taste: from snob to omnivore' *American Sociological Review* 61 （5） 900-7

Perlin, R. （2012） *Intern nation* London: Verso

Plaza, B. （1999） 'the Guggenheim - Bilbao museum effect: a reply to Maria V. Gomez' "Reflective images: the case of urban regeneration in Glasgow and Bilbao' " *International Journal of Urban and Regional Research* 23 （3） 589-92

Plaza, B. （2006） 'The return on investment of the Guggenheim Museum Bilbao' *International Journal of Urban and Regional Research* 30 （2） 452-67

Plaza, B. （2010） 'Valuing museums as economic engines: willingness to pay or discounting of cash flows?' *Journal of Cultural Heritage* 11 （2） 155-62

Power, M. （1997） *The audit society* Oxford: Oxford University Press

Power, M. （2004） 'Counting, control and calculation: reflections on measuring and management' *Human Relations* 57 （6） 765-83

Prieur, A., Rosenlund, L. and Skjott-Larsen, J. （2008） 'Cultural capital today: a case study from Denmark' *Poetics* 36 （1） 45-71

Quilley, S. （1999） 'Entrepreneurial Manchester' *Antipode* 31 （2） 185-211

Quinn, R.-B. （1998） *Public policy and the arts* Aldershot: Ashgate

Rawnsley, A. （2001） *Servants of the people* London： Penguin

Rawnsley, A. （2010） *The end of the party* London： Viking

Reade, B. （2009） *44 Years with the same bird： a Liverpudlian love affair* London： Pan Macmillan

Redmond, P. （2009） *UK City of Culture vision statement* London： DCMS

Rees‐Leahy, H. （2007） 'New Labor, old masters' *Cultural Studies* 21 （4） 695−717

Reeves, M. （2002） *Measuring the economic and social impact of the arts* available from http：//www.artscouncil.org.uk/media/uploads/documents/publications/340.pdf accessed 18/5/2013

Rhodes, R. （1994） 'The hollowing out of the state： the changing nature of the public service in Britain' *Public Administration* 65 （2） 138−51

Rhodes, R. （1997） *Understanding governance* Maidenhead： Open University Press

Rhodes, R. （2011） *Everyday life in British government* Oxford： Oxford University Press

Rhodes, R. and Marsh, D. （1992） 'New directions in the study of policy networks' *European Journal of Political Research* 21 （1−2） 181−205

Rhodes, R. and Wanna, J. （2007） 'The limits to public value, or rescuing responsible government from the Platonic guardians' *The Australian Journal of Public Administration* 66 （4） 406−21

Rhodes, R. and Wanna, J. （2009） 'Bringing the politics back in： public value in Westminster parliamentary government' *Public Administration* 87 （2） 161−83

Richards, D. （1997） *The Civil Service under the Conservatives, 1979—1997: Whitehall's political poodles?* Brighton: Sussex Academic Press

Richards, G. （2000） The European Cultural Capital event: Strategic weapon in the cultural arms race? *Journal of Cultural Policy* 6 （2） 159-81

Richards, G. and Wilson, J. （2004） 'The impact of cultural events on city image: Rotterdam, Cultural Capital of European 2001' *Urban Studies* 41 （10） 1931-51

Ritzer, G. and Jurgenson, N. （2010） 'Production, consumption, prosumption' *Journal of Consumer Culture* 10 （1） 13-36

Ritzer, G., Dean, P. and Jurgenson, N （2012） 'The coming age of the prosumer' *American Behavioral Scientist* 56 （4） 379-98

Roche, M （2000） *Mega-events and modernity* London: Routledge

Roscoe, P. （2011） 'The unbearable emptiness of entrepreneurship' *Ephemera* 11 （3） 319-25

Rose, N. and Miller, P. （1992） 'Political power beyond the state' *British Journal of Sociology* 43 （2） 173-205

Ross, A. （2007） 'Nice work if you can get it' in Lovink, G. and Rossiter, N, （eds） *My creativity reader* available from http://www.networkcultures.org/_uploads/32/pdf accessd 18/5/2013 pp. 17-41

Ross, A. （2008） 'The new geography of work: Power to the precarious?' *Theory, Culture & Society* 25 （7-8） 31-49

Ross, A. （2009） *Nice work if you can get it: life and labor in precarious times* New York: New York University Press

Rush, M. and Giddings, P. （2011） Parliamentary socialization

Cambridge: Polity

Sanderson, I. (2004) 'Getting evidence into practice: perspectives on rationality' *Evaluation* 10 (3) 364—77

Savage, M. (2000) *Class analysis and social transformation Buckingham*: Oxford University Press

Savage, M. (2008) 'Affluence and social change in the making of technocratic middle-class identities 1939—1955' *Contemporary British History* 22 (4) 457—76

Savage, M. (2010) *Identities and social change in Britain since 1940: the politics of method* Oxford: Oxford University Press

Savage, M. and Burrows, R. (2007) 'The coming crisis of empirical sociology' *Sociology* 41 (5) 885—99

Savage, M. and Gayo-Cal, M. (2009) *Against the omnivore: assemblages of contemporary musical taste in the UK* Manchester: CRESC

Sayer, D. (1991) *Capitalism and modernity* London: Routledge

Schlesinger, P. (2009) 'Creativity and experts: New Labour, think tanks and the policy process *The International Journal of Press/Polities* 14 3—20

Schlesinger, P. (2010) 'The most creative organization in the world? The BBC, "creativity" and managerial style' *International Journal of Cultural Policy* 16 (3) 271—85

Schlesinger, P. (2013) 'Expertise, the academy and the governance of cultural policy' *Media, Culture and Society* 35 (1) 27—35

Schlesinger, P. and Waelde, C. (2012) 'Copyright and cultural work: an exploration' *Innovation: The European Journal of Social Science Research* 25 (1)

11-28

Scott, C. (2009) 'Exploring the evidence base for museum value' *Museum Management and Curatorship* 24 (3) 195-212

Scott, C. (2010) 'Searching for the public in public value: arts and cultural heritage in Australia' *Cultural Trends* 19 (4) 273-89

Scullion, A. and Garcia, B. (2005) 'What is cultural policy research?' *International Journal of Cultural Policy* 11 (2) 113-27

Searle, N. (2011) *Changing business models in the creative industries: the cases of television, computer games and music* available from www.ipo.gov.uk/ipresearch-creativeind-full-201110.pdf. accessed 10/3/2013

Selwood, S. (2002) 'The politics of data collection' *Cultural Trends* 12 (4) 13-32

Selwood, S. (2010) *Making a difference: the cultural impact of museums* London: NMDC

Skeggs, B. (1997) *Formations of class and gender: becoming respectable* London: Sage

Skeggs, B. (2004) Class, self and culture Abingdon: Routledge

Smith, N. (1996) *The new urban frontier: gentrification and the revanchist city* London: Routledge

Stark, D. (2009) *Sense of dissonance* Princeton: Princeton University Press

Stark, D. (2011) 'What's valuable?' in Aspers, P. and Beckert, J. (eds) *The worth of goods* Oxford: Oxford University Press pp 317-66

Stedman-Jones, D. (2012) *Masters of the universe: Hayek, Friedman and the birth of neoliberal politics* Princeton University Press

Stevens, A. （2011） 'Telling policy stories: an ethnographic study of the use of evidence in policy-making in the UK' *Journal of Social Policy* 40 （2） 237–55

Stevenson, D. （2003） *Cities and urban cultures* Maidenhead and Philadelphia: Open University Press

Stevenson, D. （2004） ' "Civic gold" rush' *International Journal of Cultural Policy* 10 （1） 119–31

Stoker, G. （1998） 'Governance as theory: five propositions' *International Social Science Journal* 50 （155） 17–18

Stoker, G. （ed.） （1999） *The new management of British local governance* Basingstoke: Palgrave Macmillan

Stoker, G. （2006） 'Public value management: a new narrative for networked governance?' *American Review of Public Administration* 36 （1） 41–57

Syrett, K. （2003） 'A technocratic fix to the "legitimacy problem" ? The Blair government and health care rationing in the United Kingdom' *Journal of Health Politics, Policy and Law* 28 （4） 715–46

Talbot, C. （2009） 'Public value: the next big thing in public management?' *International Journal of Public Administration* 32 （3–4） 167–70

Talbot, C. （2011） 'Paradoxes and prospects of "public value" ' *Public Money & Management* 31 （1） 27–34

Taylor, S. and Littleton, K. （2008） 'Art work or money: conflicts in the construction of a creative identity' *The Sociological Review* 56 （2） 275–92

Thompson, D. （2008） *The $12 million stuffed shark* London: Aurum Press

Thompson, E. （1991） *The marking of the English working class* Toronto:

Penguin Books

Thornton, S. （1995） *Club cultures* Cambridge： Polity

Thornton, S. （2008） *Seven days in the art world* London： Granta

Throsby, D. （2001） *Economics and culture* Cambridge： Cambridge University Press

Tilley, N. and Laycock, G. （2000） 'Joining up research, policy and practice about crime' *Political Studies* 21 （3） 213−27

Tresch, R. （2008） *Public sector economics* Basingstoke： Palgrave Macmillan

Tucker, M. （2008） 'The cultural production of cities： Rhetoric or reality? Lessons from Glasgow' *Journal of Retail and Leisure Property* 7 （1） 21−33

Turner, G （2011） *What's become of cultural studies?* London： Sage

UK Film Council （2009） *Stories we tell ourselves： the cultural impact of UK film 1946—2006* London： UK Film Council

Upchurch, A. （2004） 'John Maynard Keynes, the Bloomsbury Group, and origins of the Arts Council movement' *International Journal of Cultural Policy* 10 （2） 203−18

Urry, J. （2007） *Mobilities* Cambridge： Polity

Vaizey, E. （2011） *The creative ecology： speech at state of the arts* available from http： //www.gov.uk/government/speeches/the-creative-ecology-speech-at -state-of-the-arts accessed 10/3/2013

Valentine, J. （2007） 'Political art, cultural policy and artistic agency' *Social Analysis* 51 （1） 96−111

Velthuis, O. （2007） *Talking prices* Princeton： Princeton University Press

Vickery, J, （2007） *The emergence of culture - led regeneration： a policy concept and its discontents.* Working Paper. Coventry: University of Warwick, Centre for Cultural Policy Studies

Vidler, E. and Clarke, J. (2005) 'Creating citizen consumers: New Labour and the remarking of public services' *Public Policy and Administration* 20 (2) 19–37

Vuyk, K. (2010) 'The arts as an instrument? Notes on the controversy surrounding the value of art' *International Journal of Cultural Policy* 16 (2) 173–83

Wainwright, H. (1987) *Labour, a tale of two parties London*: The Hogarth Press

Wainwright, M., and McDonald, H. (2010) 'Derry celebrates culture capital success' *The Guardian* 16th July

Wagner, P. (2012) *Modernity* Cambridge: Polity

Warde,A.,Wright, D.,Gayo-Cal, M. (2008) 'The omnivorous orientation in the UK' *Poetics* 36 (2/3) 148–65

Weber, M. (2012) *The Protestant ethic and the spirit of capitalism* CreateSpace Publishing [Kindle DX version] retrieved from Amazon.co.uk

West, C. and Smith, C. (2005) 'We are not a government poodle' *International Journal of Cultural Policy* 11 (3) 276–88

Whitehead, M. (2003) 'In the shadow of hierarchy' *Area* 35 (1) 6–14

Wilkinson, R. and Pickett, K. (2010) *The spirit level* London: Penguin

Wilks-Heeg, S. (2003) 'From world city to pariah city? Liverpool and the global economy 1850—2000 in Munck, R. (ed.) *Reinventing the city? Liverpool in comparative perspective* Liverpool: Liverpool University Press pp. 36–53

Wilks-Heeg, S. and Clayton, S. (2006) *Whose town is it anyway?* York: Joseph Rowntree Charitable Trust

Williams, I. and Shearer, H. （2011）'Appraising public value: past, present and futures' *Public Administration* 89 （4）1367−84

Williams, R. （1958）*Culture and society* London: Chatto and Windus

Williams, R. （1961）*The long revolution* London: Chatto and Windus

Williams, R. （1989）*Resources of hope: culture, democracy, socialism* London: Verso

Williams, R. （2004）*The anxious city* Abingdon: Routledge

Williams, R. （2010）Keywords London: Fontana Press

Willis, P. （1977）*Learning to labour* Farnborough: Saxon House

Wilson, D., Dixon, R. and Hood, C. （2009）*Managing by numbers* available from christopherhood.net/file% 20for% 20cd% 20autorun/publications/Managing_by_Numbers.pdf accessed 10/3/2013

Wilson, J. （2008）*Inverting the pyramid* London: Orion

Work Foundation （2007）*Staying ahead* available from http://www.theworkfoundation.com/assets/docs/publications/176_stayingahead.pdf accessed 8/5/2013

Wright, D. （2011）'Making tastes for everything: omnivorousness and cultural abundance' *Journal for Cultural Research* 15 （4）355−71

Wyatt, A. （2002）'Evidence based policy making: the view from a centre' *Public Policy and Administration* 17 （3）12−28

Yudice, G. （2009）'Cultural diversity and cultural rights' *Hispanic Issues On Line* 5 （1）110−37

Zukin, S. （1998）*The cultures of cities* Oxford: Basil Blackwell